Miller · Beziehungstraining

Reinhold Miller

Beziehungstraining
50 Übungseinheiten für die Schulpraxis

Dr. Reinhold Miller ist Beziehungsdidaktiker in der Lehrerfortbildung, Schulberater, Kommunikationstrainer, Supervisor, Coach und Autor.

Dieses Buch ist auch als E-Book erhältlich (ISBN 978–3–407–29397–8).

© 2015 Beltz Verlag · Weinheim und Basel
www.beltz.de

Lektorat: Larissa Schönknecht
Herstellung: Lore Amann
Satz: Markus Schmitz, Altenberge
Druck und Bindung: Beltz Bad Langensalza GmbH, Bad Langensalza
Umschlagabbildung: © DrAfter 123, Getty Images
Reihengestaltung: glas ag, Seeheim-Jugenheim
Umschlaggestaltung: Sarah Veith
Printed in Germany

ISBN 978-3-407-62939-5

Inhalt

Einleitung

Kann man »Beziehungen« trainieren?

Universität Heidelberg: Ich leite ein Seminar mit dem Thema »Selbst- und Beziehungskompetenz«. Die erste Doppelstunde beginnt mit einem Rollenspiel: Eine Lehramtsstudentin steht vorne an der Tafel, schreibt (fiktiv) mit dem Rücken zu den Schülerinnen und Schülern einige Worte, während diese sie mit Papierkügelchen bewerfen. Sie dreht sich um, ist völlig konsterniert, sagt mit zitternder Stimme: »Was fällt euch ein?« – und als »die Klasse« in Gelächter ausbricht, kommen ihr die Tränen ... Daraufhin: Aufarbeitung in Kleingruppen und Plenum, Analyse des Verhaltens auf der Selbst- und Beziehungsebene und Suche nach authentischem Verhalten ... Vierzehn Tage später berichtet mir die Studentin, sie hätte vor einer ähnlichen Situation gestanden und habe ganz anders reagiert: selbstbewusste Mitteilung, empathische Nachfrage, klare Grenzziehung ... Große Freude über ihren Erfolg und Lernzuwachs ...

Schuljahresbeginn: Ein Lehrer kommt als »Neuer« in eine Klasse. Ein Schüler fragt ihn: »Sind Sie ein guter Lehrer?«, worauf dieser zum Pult geht und in das Klassenbuch schreibt: »Eintrag wegen Provokation«. Darauf heftige Beschwerde des Vaters des Jungen beim Direktor ... Vermutete Handlungsmotive des Lehrers: Distanzwahrung, Unsicherheit, Angst vor Autoritätsverlust ...?

Jedes Mal vor einem Elternabend bekommt Frau P. massive Angstzustände, weil sie nach ihren eigenen Worten den kritischen Fragen der Eltern nicht gewachsen ist. Was kann sie tun, um ohne Ängste vor den Eltern zu agieren? Was muss sie lernen, um sicher aufzutreten?

Lehrer K. ist ein Verfechter des Frontalunterrichts. Eltern, deren Kinder in der Grundschule Methodenvielfalt gewohnt waren, fordern von ihm eine Modifizierung seines Unterrichtsstils. Eine Vermittlung lehnt er ab mit den Worten: »Ich unterrichte hier am Gymnasium. Da haben sich die Schüler nach mir zu richten.« Auf zwischenmenschliche Dialoge lässt er sich erst gar nicht ein.

Generationen von Lehrerinnen und Lehrern haben sich häufig unsozial verhalten und eine Vielzahl von Schülerinnen und Schülern haben wiederholt »Schieflagen« zwischenmenschlicher Beziehungen erleben und erleiden müssen.

Auch wenn man »Beziehungen« selbst nicht trainieren kann (sie entstehen und entwickeln sich), so ist es doch enorm wichtig, dass *sozialverträgliche Verhaltensweisen* –

auf dem Hintergrund humaner Einstellungen, Haltungen und professioneller Standards – trainiert, dadurch gelernt und im Schulalltag förderlich praktiziert werden.

Um was es mir geht

Meine Erfahrungen als Lehrerfortbildner und Schulexperte über Jahrzehnte hinweg, sei es in der Lehreraus- oder Lehrerfortbildung, ob in Kursen, in Supervisionsgruppen oder im Schulalltag, zeigen deutlich: Es bestehen erhebliche Defizite in den Bereichen der Selbst- und Beziehungskompetenz. Theoretische Abhandlungen und bloße Wissensvermittlung, Diskurse darüber und didaktische Pläne allein genügen nicht, um professionelles Handeln in Schule und Unterricht zu gewährleisten. Es ist *intensives und kontinuierliches Training* für alle Personen, die in der Schule arbeiten, *notwendig*, um für die Ausübung ihres Berufes ein gesundes Selbstbewusstsein, versierte Handlungssicherheit und soziale Fähigkeiten zu erreichen (Auto fahren lernt man nicht, indem man die Betriebsanleitung des Fahrzeuges studiert, sondern indem man viele *Fahr*stunden im Straßenverkehr absolviert) – und Schule halten lernt man in Simulationsräumen und Klassenzimmern!

Ich biete deshalb in diesem Arbeitsbuch für die Trainingscamps *Universität, Ausbildungsseminare* und *Schule 50 Übungseinheiten* in den Bereichen Selbst- und Beziehungskompetenz an. Sie bilden eine Einheit, weil die eine die andere bedingt, wie bei einer Brücke: je stärker die *einzelnen Säulen sind* (= Selbstkompetenz), desto tragfähiger sind die Brückenbögen insgesamt (= Beziehungskompetenz). Beide Kompetenzen sind Voraussetzungen, gute Schule und guten Unterricht zu verwirklichen.

Ich habe dieses Buch geschrieben für Lehramtsstudierende, Lehrerinnen und Lehrer aller Schularten, für Pädagogik- und Didaktikprofis, für Lehrerfortbildner und Lehrerfortbildnerinnen, Lehrbeauftragte, Seminarleiter und Seminarleiterinnen und Personen in Leitungsfunktionen.

Hinweis: Alle erwähnten Berichte und Fallbeispiele (anonymisiert) entstammen der Schulpraxis.

Gebrauchsanweisung

In diesem Buch übernehme ich drei Rollen: Geschichtenerzähler, Informator und Trainer. Mein Dreifachangebot besteht aus:
- **Geschichten** (kursiv gedruckt) aus dem Schulalltag zum Aufwärmen, Stimulieren und zur Selbstmotivation,
- **Informationen,** einschließlich vertiefter Reflexionen, gezielter Empfehlungen und Impulse als Basiswissen und »Proviant« für die Trainingseinheiten,

- **Trainingsangeboten,** die Überlegungs- und Reflexionsimpulse, Hinweise, Anleitungen (Appelle sind hier erlaubt!), entsprechende Szenarien, Aufgaben und Übungen, um Handlungssicherheit und berufliche Kompetenz zu gewinnen, enthalten.

Bei den Aufgaben und Übungen, die für Einzel- und Gruppenarbeit konzipiert sind, gebe ich manchmal nur kurze Hinweise bzgl. ihrer Alltagspraxis. Deshalb bitte ich Sie, den jeweiligen Kontext (die Umstände, einzelne Situationen, konkrete Fälle) – für Sie stimmig – selbst herzustellen. Übungen für Gruppen sind mit dem entsprechenden Symbol markiert.

Was SIE brauchen

Um effektiv trainieren und möglichst viel für sich und Ihren Beruf profitieren zu können, brauchen Sie, liebe Leserin, lieber Leser,
- **Motivation**: Ohne sie gibt es keinen nachhaltigen Trainingserfolg – und in Ihrer Trainingstasche sollten Materialien wie Stifte in verschiedenen Farben, Papierbögen, Poster … vorhanden sein.
- **Zeit**: Zum Wahrnehmen, zum Üben und Reflektieren, zum Innehalten, was nicht zwischen »Tür und Angel zu erledigen« ist, sondern FREIräume braucht.

Ein Mann beobachtet einen Holzfäller, wie er unter größten Anstrengungen Bäume absägt. »Ihr Sägeblatt ist ganz stumpf«, bemerkt der Mann. »Sie müssen es schärfen, dann geht alles viel besser.« – »Schärfen?«, fragt der Holzfäller. »Dazu habe ich keine Zeit; ich muss doch sägen.«

- **Trainingspartner**: Kommilitonen/Kommilitoninnen während des Studiums und Kolleginnen/Kollegen im Schulalltag als Gesprächsgegenüber, als aufmerksame Begleiter und Beobachter, als Feedbackgeber und kontinuierlich oder sporadisch auch als versierte Trainer. Mit anderen zusammen lernt es sich besser und das heißt: Anregungen geben und erhalten, Ermutigungen bekommen und andere aufmuntern, Spaß haben und lachen … und eine(r) ist immer dabei, die/der in den Pausen die Kaffeemaschine »anwirft«.

Ein Mann/eine Frau fragt in Berlin einen Einheimischen: »Wie komme ich denn am schnellsten zu den Berliner Philharmonikern?« und erhält die Antwort: »Üben, üben, üben!«

Hinweis für Studierende

Da Sie, außer durch Praktika, noch über wenig Schulpraxis verfügen, bitte ich Sie, bei der »Erledigung der (Haus-)Aufgaben« und Durchführung der Trainingseinheiten sich an Schulsituationen aus der eigenen Schulzeit zu erinnern; sich zukünftige Situationen vorzustellen und/oder mit Personen aus der Schulpraxis in Kontakt zu kommen; im besten Fall häufig in Schulen zu praktizieren: Lernen durch Erfahrung! Übungen, die speziell für Studierende gedacht sind, sind mit dem entsprechenden Symbol versehen.

Teil I: Ich

Dieses *Beziehung*straining besteht aus zwei Teilen: Aus dem ICH- und aus dem DU-Training, d. h. selbst fit und es in den *Beziehungen* zu anderen sein.

Im »ICH-Trainingslager« gibt es ein spezielles »ICH-Programm« mit beispielsweise Themen wie Abbau von Unsicherheiten, professionelle Kompetenzen, couragiertes Handeln, Leistungsdruck, Umgang mit Gefühlen, Stressreduzierungen, Bewältigung von Herausforderungen, lebensgeschichtliche Einflüsse oder Abgrenzungen.

Ohne ein starkes Ich gibt es keine stabilen Beziehungen, ohne ein *Selbst*bewusstsein kein gesundes Bewusstsein für andere Menschen.

Ohne eigene Autonomie enden zwischenmenschliche Beziehungen in Abhängigkeiten, ohne Selbstliebe können keine befriedigenden Kontakte und Kooperationen stattfinden.

Frau G., Schulleiterin: »Nach Gesamtlehrerkonferenzen bin ich erschöpft und ärgere mich darüber, wieder einmal dieselben Kollegen und Kolleginnen bei allerlei Nebentätigkeiten beobachten zu müssen. Ich ärgere mich über dieses Verhalten und finde es respektlos. Dieser Ärger beschäftigt mich vor, während und nach den Konferenzen und entwickelt sich bis hinein in Kränkungen.

Ich habe nicht den Mut zu intervenieren und zu sagen, was mich stört – vermutlich aus Angst, dann respektlose Antworten zu bekommen oder nicht genügend anerkannt bzw. nicht mehr geliebt zu werden.«

Grund genug, mit ihr – und mit erfahrungsgemäß mit vielen anderen – das eigene Selbstbewusstsein, den Ärger, die Unsicherheiten, die Ängste u. a. m. näher anzusehen mit dem Ziel, autonomes Handeln und Selbstsicherheit zu erlangen.

Für die Lehrer*aus- und -fortbildung* bedeutet das, dass es während der Studienzeit und während der gesamten Berufszeit Angebote der Verarbeitung im Bereich der Selbsterfahrung geben muss. Lehrerinnen und Lehrer, die nicht oder zu wenig ihre *eigenen* Verhaltensweisen wahrnehmen, reflektieren und ggf. ändern, können schwerlich professionell mit Haltungen und Verhaltensweisen anderer (Kollegen/Kolleginnen, Schülern/Schülerinnen, Eltern, Vorgesetzten) umgehen.

Das »ICH-Trainingslager« kann beginnen.

1 Ich als Lehrerin/Lehrer: damals und heute

> Ziel: sich an früher erinnern und mit einem Bogen ins Heute ein Fazit ziehen

»So, Lehrer/Lehrerin sind Sie?!«, sagt jemand zu Ihnen. Was in dieser Aussage/Frage (je nach Ton) wohl alles stecken mag? Skepsis, Respekt, Kopfschütteln, Neid, Enttäuschung, Vorurteile, Bedauern, Häme, Wertschätzung, Assoziationen an die eigene Schulzeit (mit welchen *Erfahrungen* auch immer). »Lehrer«, ein schillernder Begriff mit einer Fülle an Vorstellungen: Pauker, Wissensvermittler, Lernbegleiter, Ansprechpartner, Notengeber, Sozialarbeiter, Freund, Lehrperson …

⋯⋗ Training ⋯⋯⋯⋯⋯⋯⋯⋯⋯⋯⋯⋯⋯⋯⋯⋯⋯⋯⋯⋯⋯⋯⋯⋯⋯⋯⋯⋯

1 Überlegen Sie, warum Sie damals Ihren Beruf wählten. Mit hohen Erwartungen? Mit Idealismus und schönen Aussichten? Oder ganz pragmatisch: relativ kurzes Studium, sichere Einkunft, günstige Zukunftsprognosen etc.? Und wie stehen Sie heute zu Ihrer Wahl?

Meine Beweggründe damals:

....

....

....

Meine Beweggründe heute:

....

....

....

2 Meine Erfahrungen als Schülerin/Schüler:

Ich denke gerne an meine Schulzeit, weil ....

....

....

Mir fällt auch Negatives ein: ....
....
....

3 Meine Motive als Student/Studentin, den Lehrberuf zu wählen:
....
....
....

Für mich gilt derzeit:
Ich fühle mich bestärkt in meinem Studium, weil ....
....
....
....

Ich werde andere Wege gehen, weil ....
....
....
....

4 Meine derzeitige »Stimmungslage« als Lehrerin/Lehrer:

❏ Zufriedenheit ❏ Resignation
❏ Freude, Erfüllung ❏ Unzufriedenheit
❏ Dankbarkeit ❏ Enttäuschung
❏ Abschiedsgedanken ❏ Herausforderung
❏ große Belastung ❏ grauer Alltag
❏ Offenheit, Neugier ❏ Oder: ....

5 Meine persönliche Umfrage:

Wie mich Schülerinnen/Schüler erleben:
....
....
....

Wie mich Kolleginnen/Kollegen erleben:
....
....
....

Mein Fazit: ....
....
....
....

6 Ob Ihre Stimmungslage, auf die Schule bezogen, stabil ist oder großen Schwankungen unterliegt, können Sie überprüfen:
Wählen Sie unter dem Motto »Wie ich mich fühle/wie es mir geht« (= was mir am nächsten liegt) eine Variante aus: darüber ein Bild zeichnen/malen – ein Musikstück improvisieren, spielen, anhören – eine Geschichte schreiben – Konstruktionen/Spiele am PC durchführen ...

Oder: ....

Bestimmen Sie ein Zeitintervall für die gewählte Tätigkeit: einmal in der Woche, alle zwei Wochen, einmal im Monat – und notieren Sie jeweils unmittelbar Ihre Stimmungen. Wiederholen Sie jeweils die gleiche Tätigkeit im gewählten Zeitintervall etwa vier bis sechsmal. Vergleichen Sie Ihre einzelnen Stimmungen.

Meine Erkenntnis:

....
....
....

7 Teilen Sie Menschen Ihres Vertrauens diese Erkenntnis mit und bitten Sie sie um Rückmeldung: Übereinstimmung, Ähnlichkeiten, Differenzen (Vergleich: Selbst- und Fremdwahrnehmung).

Meine Schlussfolgerungen:

....
....
....

8 Vorbereitung auf meine Unterrichtsstunde während des Praktikums:

Meine Gefühlslage:

....
....

Falls zu viele »Schmetterlinge im Bauch«: Zur Beruhigung werde ich ...

....
....

Begründung der Wahl der Klasse und des Faches in Absprache mit dem Mentor/der Mentorin: ....

....

Besprechung des Vorgehens im Klassenzimmer mit dem Mentor/der Mentorin (didaktische Gliederung): ....

....

.... **Training** ⁝⋯

Die derzeitigen Diskussionen über die Schule in Deutschland (Stand 2014) werden sehr heterogen geführt und lösen bei der gesamten Lehrerschaft vielfach Unmut, Enttäuschungen, Frustrationen und Resignation aus. Beispielgebende Modell- bzw. »Vorzeigeschulen« sind Ausnahmen, keineswegs flächendeckend – und das in 16 Bundesländern!

Es kann sein, dass der Vergleich »Lehrer/in damals und heute« Wünsche und Sehnsüchte hervorruft (aus der Vergangenheit für die Zukunft), die Motive sein können, aus einer Resignation in konstruktives und kreatives Handeln zu gelangen mit dem Ziel einer umfassenden inneren Schulentwicklung.

⋯⁝ **Training** ....

9 Nehmen Sie, mit anderen aus Ihrem Kollegium, eine Bestandsaufnahme vor unter folgenden Gesichtspunkten und mit detaillierten Schritten:

Die Stimmung in unserer Schule aus Schüler-, Kollegiums-, Schulleitungs- und Elternsicht ...

10 Die Umfragen haben folgende Wünsche, Ideen, Vorschläge zur Veränderung ergeben ...
- auf der persönlichen Ebene
- auf der Ebene der zwischenmenschlichen Beziehungen
- auf der Ebene der Unterrichtsqualität
- auf der Ebene der Organisation/des Managements

.... **Training** ⁝⋯

2 Professionelle Kompetenzen

> Ziel: berufliche Kompetenzen wahrnehmen, reflektieren und professionell anwenden

···┊· **Training** ···

1 Denken Sie bitte an Lehrerinnen/Lehrer, die Sie hatten, die Sie mochten und ordnen Sie ihnen Eigenschaften/Kompetenzen zu.

Sie waren ....

....

2 Denken Sie jetzt an sich selbst und notieren Sie Eigenschaften/Kompetenzen unter dem Gesichtspunkt:

»Ich, als gute Lehrerin/als guter Lehrer, bin ...«

....

....

3 So möchte ich später als Lehrer/Lehrerin sein:

....

....

·· **Training** ┊···

Ich konfrontiere Sie mit Kompetenzen aus fünf Bereichen, die für den Lehrberuf von Bedeutung sind.

1. Selbstkompetenz

Ichstärke, Echtheit, Flexibilität, Entscheidungsfähigkeit, Belastbarkeit, Abgrenzungsfähigkeit. Dazu: Ausstrahlung und selbstbewusstes Auftreten (inkl. äußeres Erscheinungsbild). Diese Fähigkeiten sind nicht abgeschlossen und »fertig«, sondern dynamisch und entwickeln sich weiter, eingebunden in einen lebenslangen Prozess innerhalb und außerhalb der Schule.

2. Beziehungskompetenz

Wahrnehmungsfähigkeit, Einfühlungsvermögen, Führungskompetenz, Verlässlichkeit, Offenheit für Feedback, Vertrauenswürdigkeit, Konfliktfähigkeit (mit der Haltung der Wertschätzung und des Respekts)

3. Gesprächskompetenz

»Gespräche führen« ist eine der Hauptaufgaben von Lehrerinnen und Lehrern. Deshalb brauchen sie Kommunikationsfähigkeit, Klarheit, Deutungsvermögen, Verhandlungsgeschick, Vermittlungskompetenz.

4. Fach-/Sachkompetenz

Fach- und Methodenkompetenz sind die beiden wichtigsten Säulen der unterrichtlichen Arbeit von Lehrerinnen und Lehrern, die deutlich werden durch Grundlagen- und fachübergreifendes Wissen, wissenschaftliche Denk- und Arbeitsweisen, Fort-/Weiterbildung, Diagnosefähigkeit, Lern und Lehrfähigkeit, Problemlösefähigkeit und Medienkompetenz (von OHP bis PC).

Dazu die Anwendung vielfältiger Methoden:

- verbale Methoden (Gesprächsformen wie Vortrag, Lehr- und Rundgespräch, Diskussion, Pro und Contra)
- visuelle Methoden (Tafelzeichnung, Bilder, Grafiken, Meta-Plan-Technik)
- kinästhetische Methoden (Bewegungsformen und Bewegungsspiele, Simulations- und Rollenspiele, Psychodrama)
- haptische Methoden (Zeichnen, Schreiben, Malen, Basteln, Handwerken)

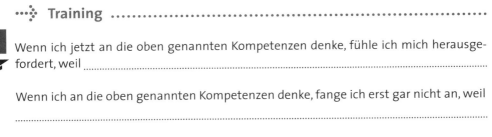

····ᐅ **Training** ···

4 Wenn ich jetzt an die oben genannten Kompetenzen denke, fühle ich mich herausgefordert, weil ....

Wenn ich an die oben genannten Kompetenzen denke, fange ich erst gar nicht an, weil

....

Möglicherweise stöhnen Sie jetzt, nachdem Sie diese Liste gelesen haben. Sie brauchen Zeit zum Verdauen – und denken vielleicht: der Miller spinnt! Deshalb:

5 Bitte alle o. g. Eigenschaften/Kompetenzen durchstreichen, die SIE für überflüssig, übertrieben oder zu theoretisch erachten oder die Ihnen zu schwierig sind, um sie zu realisieren. Bitten Sie Kommilitonen/Kommilitoninnen, Kollegen/Kolleginnen, das Gleiche zu tun.

6 Treffen Sie sich und vergleichen Sie Ihre Ergebnisse – mit anschließender Diskussion und dem Ziel, zu einer Vereinbarung zu kommen, welche Kompetenzen unabdingbar und welche variabel sind auf Grund der unterschiedlichen Persönlichkeit.

Unabdingbare Kompetenzen: ....
....

Für mich persönlich kommen noch hinzu: ....
....

.... **Training** ⁝⸱⸱

Und nun wird es spannend: Bisher bewegten Sie sich auf der klärenden, analytischen, theoretischen Ebene. Jetzt wechseln Sie auf die praktische, indem Sie Kompetenzen auswählen, die Sie in *Interaktionen* mit anderen und in *Rollenspielen* in einer Gruppe zeigen/üben, anhand von Beispielen aus Ihrer Schulpraxis.

Ich gebe einige vor:
- Ichstärke zeigen: Konfrontation mit einem kritischen Kollegen
- entscheidungsfähig sein: »Wer übernimmt die schwierige Klasse 7b?«
- selbstbewusst auftreten: als Lehrer/Lehrerin am Elternabend
- wahrnehmungsfähig sein: Verhalten eines Schülers/einer Schülerin beschreiben
- einfühlsam sein: eine Schülerin/ein Schüler hat eine Klassenarbeit »versaut«
- ....
- ....

Über Kompetenzen Bescheid wissen ist das eine, sie in der Praxis zeigen, das andere. Deshalb:

⸱⸱⸳⸱ **Training** ....

7 Drei Szenarien: Ich habe drei Selbstkompetenzen notiert, mit dem Ziel, sie in drei Szenarien in die Tat umzusetzen. Teilnehmende sind: Sie als Protagonist/in, andere beteiligte Personen und Gruppenmitglieder als Zuschauer. Nach der Durchführung gibt es jeweils eine Feedbackrunde der Darsteller, der Zuschauer – und ggf. modifizierte Wiederholungen.

a) Ichstärke

Sie kommen aus dem Klassenzimmer, nach mindestens fünf Unterrichtsstunden. Der Vater eines Schülers erwartet Sie bereits und sagt unvermittelt: »Ich muss Sie dringend sprechen. Sie haben ja die Klasse überhaupt nicht im Griff!«

Kein »Zurückschießen«; keine Rechtfertigung, keine Ironie äußern; auch keinen Dialog auf dem Gang beginnen, sondern: Meine selbstbewusste Reaktion (sowohl verbal als auch handelnd): ....

....

b) Belastbarkeit

Erster Elternabend: »Gespannte Erwartung«. Nach der Begrüßung steht der Elternvorsitzende auf, knöpft sich die Jacke zu und fragt, ziemlich forsch: »Sagen Sie mal, wie lange sind Sie schon Lehrer/Lehrerin?«

Belastungsfreie Antwort: ....

....

Bzw.: Was belastet Sie durch diese Frage? ....

....

Hinweis: Hören Sie diese Frage auf der Sachebene, dann lautet sie: »*So und so viel Jahre …*« Hören Sie sie auf der Beziehungsebene, dann kann dahinter Misstrauen, Skepsis oder Sorge um die Kinder sein, dass diese bei einer unerfahrenen (jungen) Lehrkraft zu wenig lernen.

Meine Antwort auf der Beziehungsebene: ....

....

c) Flexibilität

Sie betreten das Klassenzimmer – und schon sind Sie von Kindern umringt. Alle möchten etwas von Ihnen, nur nicht dasselbe, sondern Vielfältiges.

Sie bleiben ruhig und handeln, indem Sie flexibel (innerhalb von Grenzen) verbal reagieren, nämlich:

....

....

Falls Sie nicht ruhig agieren: Was bringt Sie »aus der Ruhe«?

....

Meine Erkenntnisse/Schlussfolgerungen aus den Interaktionen und Szenarien:

....

....

Vielleicht sind Sie jetzt auch auf Schwächen gestoßen. Dann ist die nächste Übungseinheit für Sie die richtige.

•• **Training** ⬦•••

3 Das »Spiel mit Stärken und Schwächen«

> Ziel: Stärken einsetzen, Schwächen akzeptieren

Nach einem Vortrag kam ein Mann auf mich zu, stellte sich als Kommunikationsexperte vor und sagte, er wolle mir einen guten Rat geben, nämlich, ich solle nicht so mit den Händen fuchteln; das sei beim Zuhören störend. Einige Zeit später sagte mir – ebenfalls nach einem Vortrag – eine Kollegin, sie höre mir immer gerne zu, weil ich, u. a., mit meinen Händen so plastisch alles erklären könne …

Was der eine als Schwäche sieht, ist für die andere Stärke.

⋯⋮ Training ⋯⋯⋯⋯⋯⋯⋯⋯⋯⋯⋯⋯⋯⋯⋯⋯⋯⋯⋯⋯⋯⋯⋯⋯⋯

1 Hier einige Beispiele:

Was für die einen Stärken, …	*sind für die anderen Schwächen …*
Vielseitigkeit	Verzettelung
Gelassenheit	Trägheit
Impulsivität	Unkontrolliertheit
Aktivität	Dominanz
Selbstbewusstsein	Egoismus
Kompromissfähigkeit	Nachgiebigkeit
Vertrauen	Leutseligkeit/Naivität
Engagement	Übertriebenheit

… und umgekehrt!

2 Notieren Sie eigene Erfahrungen:

Meine Stärken …	*bewerten andere als …*
....	....
....	....
....	....

⋯⋯⋯⋯⋯⋯⋯⋯⋯⋯⋯⋯⋯⋯⋯⋯⋯⋯⋯⋯⋯⋯⋯⋯⋯ Training ⋮⋯

Durch diese Bewertungen von Verhaltensweisen und Tätigkeiten sagt der Bewertende auch immer etwas über sich selbst aus; z. B., wenn er das Verhalten eines Menschen als ruhig, hektisch, souverän … beurteilt, im Gegensatz zu anderen, die dasselbe Verhalten als langweilig, aktiv, dominant … beurteilen.

> **Was du über mich sagst, sagt mehr über dich als über mich.**

Für jemanden, der Durchsetzungsvermögen als seine Maxime ansieht, sind Verhaltensweisen wie Ellenbogenmentalität, Verschleierungstaktik, Überredungskunst und Eloquenz »Stärken«, während er Geduld, Einfühlungsvermögen, Kompromissfähigkeit und Rücksichtnahme als »Schwächen« ansieht. Für jemanden, der Dialogfähigkeit als seine Maxime betrachtet, mag es genau umgekehrt sein.

Meine Stärke »Klarheit in der Mitteilung« bewertet meine Frau manchmal als knallhart, meine Tochter hingegen sagt: »Bei Dir weiß ich, woran ich bin.«

> **Wer sein Verhalten nur nach den Bewertungen anderer richtet, gerät rasch in Abhängigkeit und verliert Autonomie.**

Stärken und Schwächen können sehr schnell »kippen«; z. B.: aus »Stärken« werden »Schwächen«:
- Aktivität wird zur Überaktivität
- Dynamik wird zur Hektik
- Gelassenheit wird zur Gleichgültigkeit
- Genauigkeit wird zum Kontrollzwang
  … und umgekehrt.

···> **Training** ···

3 Aus meinen Stärken können Schwächen werden:

....

....

Aus »Schwächen« können »Stärken« werden:
- Unruhe bringt etwas in Gang
- Gleichgültigkeit mutiert zu Gelassenheit
- Neugierde verrät Interesse
- Teilnahmslosigkeit schafft notwendige Distanz

4 Aus meinen Schwächen können Stärken werden:

....

....

....

5 Veränderungen bei mir:

früher   *heute*

....

....

....

.... **Training** ···

In meiner Supervisionsarbeit taucht das Thema »Nein-Sagen« häufig auf in der Spannung zwischen »jemandem helfen« und »selbst zu kurz kommen«. Aus der Stärke des Helfens entsteht die Schwäche, zu wenig auf die eigenen Bedürfnisse zu achten.

Das »Nein-Sagen-Können« fällt mir schwer, meinte eine Kollegin, und zwar meist aus zwei Gründen: »Ich möchte möglichst niemanden enttäuschen und ich möchte im Grunde von allen geliebt werden. Wenn ich jemanden ablehne, dann fürchte ich, selbst abgelehnt zu werden.«

··· **Training** ....

6 Sammeln und besprechen Sie in der Gruppe Fälle und üben Sie in Rollenspielen das Stück: »Meine Schwächen werden zu meinen Stärken«.
Beispiele:
- Nein-Sagen lernen
- Sich in Gesprächen zurückhalten
- Vor einer Gruppe frei reden
- Oder: ....

....

.... **Training** ···

In der Beratungs- und Supervisionsarbeit mit Lehrpersonen taucht das Wort *Hilflosigkeit* sehr häufig auf, wobei die beschriebenen Situationen ein breites Spektrum aufweisen, z. B.: vor Prüfungssituationen, während Elternabenden, im Umgang mit schwierigen Kindern, bei Vorwürfen von Kollegen oder Eltern, in Gesprächen mit Vorgesetzten, in Diskussionen mit Experten oder mit Menschen, die sich arrogant, sarkastisch, zynisch oder abwertend verhalten (Näheres Übungseinheit 7: Von der Unsicherheit zur Sicherheit; S. 36).

Es braucht eine starke Persönlichkeit, um stabil zu bleiben, sich nicht verletzen zu lassen und – falls reale Problemsituationen auftauchen – erhebliches Training, um beruflich kompetent zu reagieren. Ein Grund mehr, in der Lehreraus- und -fortbildung die Wissensbereiche zu erörtern und zu vertiefen *und* die Verhaltenskompetenzen entsprechend ausführlich zu trainieren mit dem Ziel, Handlungssicherheit zu erreichen. Wie?

In welchen Situationen Sie auch sein mögen, Sie können immer drei »Joker« ziehen: (1) etwas von sich sagen, (2) einfühlsam/verstehend reagieren, (3) sich abgrenzen. (Näheres ebenfalls Übungseinheit 7, S. 37).

Beispiel:
Ein Vater sagt zu Ihnen: »Sie haben ja die Klasse nicht im Griff, Sie junges Ding!«
Keine Hilflosigkeit, sondern klare Reaktionen:
(3) »Ich möchte nicht, dass Sie mich als junges Ding bezeichnen.«
(2) »Ich kann jedoch mit Ihnen über Ihr Anliegen (= nicht im Griff) reden.«
(1) »Ich selbst halte mich für kompetent, die Klasse zu führen.«

Dieser sog. »*kommunikative Dreifachschlüssel*« eignet sich bestens für Situationen, die überraschend auftauchen, in denen man wenig Zeit zur Verfügung hat und dennoch kurzfristig Klärung herbeiführen will.

····ː· **Training** ···

7 Probieren Sie in der Gruppe Reaktionen aus wie die o.g., indem Sie schwierige Situationen im Rollenspiel trainieren unter Zuhilfenahme der drei »Joker«: *Selbstmitteilung – Empathie – Abgrenzung,* wobei die Reihenfolge personen- und situationsabhängig ist.

··· **Training** ː····

4 Erwartungen und Leistungsdruck

> Ziel: Erwartungen von Erfüllung entkoppeln und Leistungsdruck entschärfen

Lehrerinnen und Lehrer erwarten von ihren Schülerinnen und Schülern bestimmte Verhaltensweisen und Leistungen – und stehen doch selbst bisweilen unter hohem Leistungsdruck, der aus den eigenen inneren und von anderen geäußerten Erwartungen kommt.

Nun gibt es Menschen, die Leistungsdruck brauchen und ihm standhalten, und andere, die sich durch ihn gehindert, ja sogar gelähmt fühlen.

····꞉> **Training** ···

1

Notieren Sie Erwartungen, die Sie an sich selbst stellen.

ohne Leistungsdruck

● den Unterricht gut vorbereiten

....

....

....

mit Leistungsdruck

● die Klassenarbeiten rechtzeitig zurückgeben

....

....

....

2

Notieren Sie nun Tätigkeiten, bei denen Sie merken, dass der Leistungsdruck Ihnen und der Qualität Ihrer Arbeit schadet (z. B.: unter Druck werde ich nervös, bin unkonzentriert, mache vermehrt Fehler ...).

....

....

....

Soweit Ihr »Innenbezirk« von Erwartung und Leistungsdruck.

·· **Training** ꞉>···

Zu unnötigen Belastungen und Überforderungen durch außen kommt es, wenn Lehrerinnen und Lehrer meinen, Erwartungen anderer an sie erfüllen zu müssen. Dies kann ihrer frühkindlichen Lebensgeschichte zu tun haben, in der sie (notgedrungen) gelernt haben, die Erwartungen der Eltern und anderer Autoritätspersonen zu erfüllen, um weiterhin von ihnen beachtet und geliebt zu werden.

····⫶ Training ··

3 Blicken Sie zurück: Erwartungen von Erwachsenen an mich als Kind, die von mir Gehorsam forderten und die mich u. U. auch überforderten:

»Ich erwarte von dir, dass …	*bedeutet:*
du dein Zimmer aufräumst.«	»Räum dein Zimmer auf!«
du mir beim Kochen hilfst.«	»Hilf mir beim Kochen!«
du pünktlich heim kommst.«	»Komm pünktlich!«
du unser Geschäft übernimmst.«	»Übernimm' unser Geschäft; lass uns nicht im Stich!«

In einem »Spielraum« von eindringlicher Bitte über deutlichen Befehl bis zu geheimer Erpressung: Erwartung wurde formuliert, Appell war gemeint!

Eigene Beispiele:

....

....

....

… und was davon heute noch an Wirkung geblieben ist:

....

....

....

··· Training ⫶····

Im Erwachsenenalter und Beruf wirkt das Verhaltensmuster (= Erwartungen sind, gefälligst, zu erfüllen!) teilweise noch stark nach, ist aber unangemessen in der Ausübung des Berufes.

In Ihren Kontakten und Beziehungen zu Schülerinnen/Schülern, Eltern, Kollegen/Kolleginnen und Vorgesetzten über Jahrzehnte hinweg werden Sie mit vielfältigen und divergierenden Erwartungen konfrontiert. Bereits zu denken, sie erfüllen zu müssen, kann zu hohen Belastungen führen.

Eine Lehrerin: »Aber Eltern haben doch die Erwartungen an mich, dass ich …« *(und fühlt den Druck, sie erfüllen zu müssen.)*

···❖ **Training** ···

4 Notieren Sie Erwartungen anderer, von denen Sie bisher glaubten, sie erfüllen zu müssen:

....

....

....

··· **Training** ❖···

Was soll da das arme »Lehrerlein« tun:
- Vater A: »*Sie müssen unbedingt strenger zu den Kindern sein!*«
- Vater B: »*Sie sind viel zu streng zu den Kindern!*«
- Mutter A: »*Bitte, überfordern Sie die Kinder nicht!*«
- Mutter B: »*Sie können ruhig von den Kindern mehr verlangen.*«

Diese Eltern »dürfen« Erwartungen haben, welche auch immer, ob ihnen jedoch entsprochen wird oder nicht, entscheiden die Adressaten durch folgenden *Dreischritt:*
1. Die Erwartungen anderer aufnehmen
2. Sie überdenken und realistisch einschätzen
3. Im Kontext der Personen und Bedingungen entscheiden

Um zu stimmigen ENTscheidungen zu kommen, ist folgende UNTERscheidung notwendig:
- Funktional begründete Anweisungen, Befehle: ausführen
- Erwartungen, entkoppelt vom Erfüllungsdruck: entsprechen oder nicht
- Wünsche, entkoppelt vom Erfüllungsdruck: erfüllen oder nicht

> **Mein Leben besteht nicht darin, die Erwartungen anderer zu erfüllen. (F. Perls)**

5 Notieren Sie Erwartungen anderer und Ihre begründeten Entscheidungen (= statt gehorsam autonom sein):

Erwartungen	Meine Entscheidung
....	....
....	....
....	....

Es gibt zwei Richtungen:
a) Erwartungen anderer nicht zwangsläufig erfüllen müssen
b) Eigene Erwartungen an andere haben im Sinne von: »Ich erwarte von dir …« – und dann akzeptieren, ob diesen entsprochen wird oder nicht (= Erwartungen als Erwartungen und Befehle als Befehle artikulieren)

Von diesem »Ich erwarte von dir …!« habe ich mich weitgehend verabschiedet, da dieser Anspruch mir zu »erzieherisch« ist. Ich spreche stattdessen lieber von »warten auf …«, z. B.:

Statt: »Ich erwarte von dir, dass …
du pünktlich bist.«
du die Hausaufgaben machst.«
Sie mich nicht unterbrechen.«

besser: »Ich warte …
auf dich.«
auf deine Hausaufgaben.«
bis ich weitersprechen kann.«

Vermutlich werden Sie nun sagen: Da kann ich ja u. U. bis auf den Sanktnimmerleinstag warten. – Möglich …

Ich unterscheide deshalb:
a) Erziehung: Ich erwarte von dir, dass du … (mit dem gemeinten Subtext: »Mach das bitte!« = Befehl, Ausführungsdruck, Anweisung …)
b) Mein Klartext:
   • Wenn ich warte, gebe ich dem anderen die Möglichkeit, selbst zu entscheiden, ob … Ich »erziehe« ihn nicht, sondern ich beziehe mich auf ihn.
   • Wenn ich jedoch »Ich erwarte von dir …« denke und dahinter eine Bitte, einen Befehl, eine Anweisung meine, dann sage ich dies auch und verstecke mich nicht hinter dem Pseudosatz »Ich erwarte, dass du/Sie …«.

5 Perfektionismus: eine Sackgasse

> Ziel: Wege aus der Sackgasse finden

Seit ich Supervisionsgruppen leite (annähernd 40 Jahre lang), kommt das Thema »Perfektionismus« immer wieder zur Sprache, selten als inneres »Auf-die-Schulter-Klopfen«, sondern meist als Problem, als Belastung:

»Ich fühle mich getrieben.« – »Es ist fast wie ein Zwang.« – »Ich wiederhole Tätigkeiten, weil ich meine, sie sind immer noch nicht perfekt.« – »Je mehr Selbstzweifel ich habe, desto mehr verfalle ich in Perfektionismuszwänge.« – »Ich suche mir Anerkennung, indem ich möglichst perfekt bin.« – »Mein Dilemma: Je perfekter ich sein möchte, desto mehr Fehler mache ich schließlich. Ein Teufelskreis.« – »Perfektionismus begleitet mich seit der Kindheit. Meine Eltern haben mich nur anerkannt, wenn ich gut war.« – »Ich habe sogar andere verachtet, die nicht perfekt waren.«

···⦂ **Training** ··

1 Meine Erfahrungen zu diesem Thema:

....

....

....

> **Wäre ich ein Perfektionist, dann müsste ich meine Malerei aufgeben. Kunst und Perfektionismus passen nicht zusammen. (Ein Maler)**

Schule halten und unterrichten sind in gewissem Maße auch eine »Kunst«. Da ist Perfektionismus kontraproduktiv. Häufig hat das Streben nach Perfektion seine Wurzeln in der Kindheit:

»Es zieht sich wie ein roter Faden durch mein Leben – das Gefühl, als Mensch nur dann etwas wert zu sein, anerkannt und gemocht/geliebt zu werden, wenn ich viel leiste, wenn ich gut bin. Einfach nur ›ich‹« sein, reichte nicht. Ich musste mich immer anstrengen … Ich will mich aber nicht mehr anstrengen – ich bin es leid! Perfektionismus, eine völlig hirnrissige Art, mit meiner Lebensenergie umzugehen.« (Aus einem Brief einer Lehrerin, Frau N., 52 Jahre alt)

2 Teilen Sie in der Gruppe gegenseitig Ihre Erlebnisse, Erfahrungen und Prägungen mit, die Sie in Ihrer Kindheit und Jugend gehabt haben (auf dem Hintergrund perfektionistischer Erwartungen anderer an Sie):

....

....

....

3 Schreiben Sie der Kollegin (Frau N.) einige Zeilen oder reden Sie fiktiv mit ihr über das, was sie in ihrem Brief mitgeteilt hat. *Vorschlag*: Zunächst jede(r) einzeln – und dann reihum in der Gruppe den Brief vorlesen ...

....

....

....

Meine Erkenntnisse: ....

....

....

Meine Vorhaben: ....

....

Frau N. schreibt aber auch: »Die positive Seite ist, dass ich mich durch diese Anstrengungsbereitschaft in Kombination mit Neugierde auch entwickelt habe, mir Aufgabenfelder und ›Welten‹ erschlossen habe. Ich engagiere mich gerne für andere Menschen oder begeistere mich für eine Aufgabe. Aber es sollte ein gesundes Gleichgewicht bestehen und mich nicht in Zwangshandlungen bringen, oder gar zum Workaholic machen.«

4 Notieren Sie *Ihre* »Vorteil-Nachteil-/Schwächen-Stärken-Bilanz« zwischen Perfektionismus und sinnvollem Tun:

Vorteile/Stärken	*Schwächen/Stärken*
....	....
....	....
....	....

•• **Training** ⁘•••

> »Ich ernähre mich von meinen Fehlern.« (J. Beuys)

Ein weiterer Grund, sich perfektionistisch zu verhalten, beruht auf der Erfahrung, nicht (genügend) geliebt worden zu sein und deshalb alles getan zu haben, was beliebt macht. Das nennt man: sich die Liebe erkaufen. Dies wiederum schafft Stress und öffnet die Sackgasse für Perfektionismus:

»Ich musste immer beweisen, dass ich eine ›wohlerzogene Tochter‹ bin, ein erfolgreicher Spross der Familie … Weil nicht wirklich geliebt, deshalb alles tun, was beliebt macht. Den anderen zuliebe etwas tun. Und alles nicht nur gut machen, sondern perfekt, vor allem auch, weil ich die jüngste in einer Geschwisterreihe war … Mich trieb ständig das Gefühl, etwas leisten zu müssen …« (Frau S., 44 Jahre alt)

·····❖ **Training** ···

5 Notieren Sie Ihre eigenen Erfahrungen zu folgenden Themen:

Alles tun, was beliebt macht: ....
....
....

Den anderen zuliebe etwas tun: ....
....
....

Perfekt sein wollen, weil ....
....
....

Perfektionismuskette:

Sven will unbedingt alles perfekt machen, so wie sein Vater es tut, ein sehr erfolgreicher Geschäftsmann. Dieser übt großen Druck auf seinen Sohn aus, aus zweierlei Gründen: Sven soll später das Geschäft übernehmen, das sein Großvater gegründet hat. Alle drei »ernähren« sich – zwangsläufig – vom Perfektionismus. Bis Sven eines Tages plötzlich die Schule abbrechen muss, weil er schwer erkrankte. Er hat dem Druck des Vaters und Großvaters nicht mehr standhalten können.

> **An die Stelle des Perfektionismus tritt die Einstellung, auf gute Qualität, Gelassenheit, Eigenleistung und Unabhängigkeit zu achten.**

Deshalb: Abschied vom Perfektionismus.

6 Menschen, die perfekt sein wollen bzw. es sind, haben bestimmte Stärken, wie z.B. Beharrlichkeit, Verlässlichkeit ...

Notieren Sie Ihre Stärken: ....

....

7 Verinnerlichen Sie sich den Satz: »*Anstatt für perfekte Arbeit sorge ich für gute Qualität.*«

8 So eigenartig es für Sie klingen mag: Machen Sie ab und zu bewusst Fehler (die Ihnen und anderen nicht schaden).

Ihre Erfahrungen:

....

....

9 In der Gruppe, eventuell unter Anleitung: Gelassenheit üben ...

10 Wenn Sie gute Leistungen erbringen, achten Sie auf Ihre Motive (bitte ankreuzen):

☐ weil ich anerkannt (geliebt) werden will
☐ weil ich Freude an der Arbeit habe
☐ weil ich anderen nützen will
☐ weil ich es gut kann
☐ weil ich ....

11 Überprüfen Sie: »Ich erlebe mich in meinem Tun ...

weitgehend autonom, weil ...«   *weitgehend fremdbestimmt, weil ...*«

....

....

....

Das Streben nach Perfektionismus hat häufig seine Wurzeln in den Lebensgeschichten von Menschen.

.... **Training** ⟡····

6 Lebensgeschichtliche Einflüsse

> Ziel: Einflüsse wahrnehmen und ihre Wirkungen im beruflichen Alltag produktiv nutzen

> **Wir stehen auf den Schultern unserer Vorfahren. Wir sind geprägt von Erlebnissen und Erfahrungen aus unserer Lebensgeschichte.**

Diese Einflüsse werden wirksam: In kleinen Grundschulen mit etwa 180 Kindern, in Gymnasien mit ca. 1000 Kindern, Jugendlichen und Erwachsenen, in beruflichen Schulzentren mit über 2000 Lehrenden und Lernenden: beste Nährböden für friedliches, harmonisches, schwieriges, konfliktreiches, störanfälliges Zusammenleben: Menschen aus dörflichem und städtischem Milieu, Einheimische und Migranten, Mädchen und Jungen, hochinteressiert bis lernunwillig, Behinderte und Nicht-behinderte, Frauen und Männer mit unterschiedlichen schulischen Erfahrungen, Traditionsbewusste und Fortschrittliche. Sie begegnen sich, treten in Kontakt, pflegen Beziehungen – im Alter zwischen sechs und 65 Jahren, was bis zu 60 Jahren Lebenserfahrungsunterschiede ausmachen kann. Das heißt: Soziologisch betrachtet treffen etwa sieben bis acht Generationen aufeinander – und aus biologischer Sicht kann es sein, dass »Omas« und »Opas« Enkel unterrichten. Alle diese Menschen leben im Spannungsfeld großartiger Möglichkeiten und Chancen, erheblicher Belastungen und widerstrebender Konstellationen.

»Haben Sie auch ein Buch für müde Lehrer geschrieben?«, fragt mich eine Frau im Anschluss an einen Vortrag. Diese Frage geht mir heute noch nach, und die Arbeit in meinen Supervisionsgruppen kreist seit Jahren zunehmend um die Schwerpunktthemen »Belastungen und Burnout«.

In den Schulen begegnen wir Menschen mit unterschiedlichen Arten der Kommunikationen und Beziehungen. Wir werden mit Schnelllebigkeit und Halbwertzeiten von Wissen, Sinnhaftigkeit von Bildung und gesellschaftlicher Vielfalt konfrontiert.

Diese hohe Komplexität und dichte Vernetzung fokussiert sich letztlich immer wieder auf den einzelnen Menschen mit seiner Vergangenheit und seinen Fragen: Wo komme ich her, was hat mich geprägt, welchen Einflüssen bin ich ausgesetzt worden, mit welchen Problemen muss ich mich derzeit auseinandersetzen? Und dies alles nicht auf der therapeutischen, sondern auf der beruflichen Ebene.

Es ist unumgänglich, diese gesellschaftliche Kollage näher zu betrachten; deshalb: Rückblick auf Ihre Schulzeit:

1 Beschreiben Sie, wer/was Sie besonders geprägt hat im Hinblick auf Ihre Berufswahl:

- Meine Familie: ....
  ....

- Mein Freundeskreis: ....
  ....

- Lehrerinnen/Lehrer: ....
  ....

- Besondere Menschen: ....
  ....

- Besondere Erlebnisse: ....
  ....

Meine Eltern berichteten mir, ich wäre schon als kleiner Junge Besucherinnen und Besuchern auf den Schoß gehüpft, hätte sie umarmt und gefragt: »Mogst mi?«(Magst du mich?)

Waren es die Gene, meine Erfahrungen im weiteren Leben, dass ich Lehrer und später Beziehungsdidaktiker geworden bin? Einflüsse von anderen?

2 Nehmen Sie Verhaltensweisen wahr, die Sie besonders auf Einflüsse Ihrer Lebensgeschichte zurückführen: Verhalten …

- Schülern/Schülerinnen gegenüber: ....
  ....

- Kollegen/Kolleginnen gegenüber: ....
  ....

- Eltern gegenüber: ....
  ....

- Vorgesetzten gegenüber: ....
  ....

> **Die Wahrnehmung lebensgeschichtlicher Einflüsse erhöht das Verstehen eigener Verhaltensweisen.**

Ich habe als junger Lehrer – nach zehn Jahren Studium (Philosophie, Theologie, Pädagogik, Psychologie) – einem Jungen eine Ohrfeige gegeben, weil er mich anlog. Ich war über mich so schockiert, dass ich mir schwor, den Schuldienst zu quittieren, falls mir das wieder passieren würde (was nicht der Fall war). Und ich begab mich unmittelbar danach in professionelle Beratung und arbeitete meine eigene siebenjährige Internatszeit auf, in der Fehlverhalten meistens mit körperlicher Züchtigung einherging. Ich hatte keine anderen Verhaltensmuster zur Verfügung in Situationen, in denen ich mich hilflos fühlte.

3 Besprechen Sie ähnliche Fälle in der Gruppe; suchen Sie nach Mustern aus der eigenen Lebensgeschichte und ggf. nach alternativen Verhaltensweisen:

Fälle   *Analyse/Reflexion*

a)

....
....
....

b)

....
....
....

c)

....
....
....

Verhaltensalternativen:

a) ....

b) ....

c) ....

.... **Training** ⋯⋯

Zur Unterscheidung von Auslösen und Verursachen: A sagt etwas – was bei B eine Reaktion auslöst, die für A wiederum unverständlich ist: »Aber ich habe ja nur …«

Der Alltag zeigt, dass Gesagtes verschiedene Reaktionen beim Gegenüber auslösen kann auf Grund seiner lebensgeschichtlichen Erlebnisse und Erfahrungen. Dafür ist der Sender nicht verantwortlich, wohl aber für Reaktionen, in denen er selbst verletzend/kränkend agiert hat.

> Unsere eigenen Lebensgeschichten treffen immer auf Lebensgeschichten anderer.

Beispiele:
Herr N. bewarb sich um eine Stelle als Schulleiter und unterzog sich dem üblichen Bewerbungsprozedere. Als er von der Ablehnung erfuhr, bekam er einen Schwächeanfall, von dem er sich zwar wieder erholte, jedoch wochenlang krankgeschrieben war. In der Supervisionsrunde teilte er später mit, dass er immer bester Schüler war, die Examen jeweils glänzend bestanden hatte …

Das negative Ergebnis durch das Schulamt löste bei ihm – auf dem Hintergrund seiner positiven Erfahrungen in Schule und Hochschule – diese Reaktionen aus.

Eine Lehrerin kam nach schwerer, langer Krankheit wieder in die Schule. Rektor und Konrektor gaben ihr einen »Stundenplan light«, um sie nicht zu sehr zu belasten. Konsterniert nahm Frau W. ihn zur Kenntnis mit den Worten: »Glauben Sie jetzt auch schon, dass ich zu nichts mehr tauge?«

a) Die Schulleitung löste bei ihr Ängste aus, verursachte sie aber nicht.
b) *Ich* hätte daraufhin als Schulleiter/in geantwortet: ....
....

Ein Lehrer sah, dass ein Mädchen wegen einer schlechten Note weinte, ging zu ihm und sagte: »Hör auf zu weinen, das nützt jetzt auch nichts mehr.« Darauf verließ das Mädchen schluchzend den Raum.

Durch seine unsensible Bemerkung verursachte der Lehrer bei dem Mädchen eine seelische Verletzung.

Diese Reaktion tat Herrn F. sehr leid; in der Supervision besprach er den Vorfall. Er erkannte den Grund seines Verhaltens: »Ich kann so schlecht mit Gefühlen umgehen. In meiner Herkunftsfamilie waren sie verpönt.«

Das Mädchen wiederum löste durch seine Tränen bei ihm diese Reaktion aus: eine Kette von auslösen – verursachen – auslösen …

7 Von der Unsicherheit zur Sicherheit

Ziel: lernen, selbstbewusst zu handeln

O-Ton von Lehrerinnen/Lehrern: Was mich (alles) unsicher macht:

Nicht sattelfest zu sein – Fehler zu machen – das Falsche zu sagen – Wichtiges zu übersehen – die Kontrolle zu verlieren – den anderen nicht gerecht zu werden – nicht alles im Griff zu haben – nicht sofort reagieren zu können – nicht Bescheid zu wissen über – als inkompetent zu gelten – nicht schlagfertig genug zu sein – vor großen Gruppen reden zu müssen – taxiert zu werden – auf Menschen zu treffen, die mehr können als ich – die Willkür anderer – sarkastische oder zynische Menschen …

Hinter diesen Unsicherheiten steht oft mangelndes Selbstwertgefühl, dessen Beschädigungen von der Kindheit bis ins Heute reichen:

- Elternhaus: »Du stellst dich aber wieder an. Mit dir muss man sich ja schämen.«
- Schule: »Das kannst du ja doch nicht. Und du wirst es auch nie lernen!«
- Gruppe: »Hau ab, dich können wir hier nicht brauchen!«
- Studium: »Die Unterrichtsstunde war eine einzige Katastrophe.«
- Beruf: »Was, das können Sie immer noch nicht?«
- Partnerschaft: »Mein größter Fehler: Ich hätte dich nie heiraten sollen.«
  Die Liste könnte schier endlos sein.

····❖ **Training** ··

1 Notieren Sie »Selbstwertgefühlskiller« aus Ihrer eigenen Lebensgeschichte:

....

....

....

2 Was mich derzeit in der Schule hilflos macht:

....

....

....

·· **Training** ❖····

Es gibt also Zusammenhänge zwischen Hilflosigkeit und Beschädigungen des Selbstwertgefühls in der Lebensgeschichte. Man kann sich von ihr befreien – vorausgesetzt man ist gesund und entsprechend ausgebildet und in keinen Extremsituationen.

Wie geht das? Durch das Bewusstwerden, dass der Begriff »Hilflosigkeit« (im Sinne der Handlungsunfähigkeit) ein Konstrukt ist, denn:

Man kann immer handeln!

Der Sicherheitsschlüssel

Sie können in jeder Situation sicher handeln, indem Sie zur Sicherheit den sogenannten »*kommunikativen Dreifachschlüssel*« verwenden (Siehe auch 3. Übungseinheit, S. 20). Er ist besonders in Kurzzeit-Kommunikationen hilfreich und besteht aus drei Antworten auf Aussagen anderer, nämlich:
1. *Etwas von sich sagen = Selbstmitteilung*
2. *einfühlsam sein = Empathie zeigen*
3. *Grenzen ziehen = sich schützen*

Beispiel:
Jemand sagt sehr aufgeregt/empört zu Ihnen: »Ich muss unbedingt mit Ihnen reden. Sie haben was gegen meinen Sohn. Eigentlich sollten Sie längst den Beruf aufgeben.«

Ihre drei Sätze können lauten:
- »Ich bin jetzt total überrascht.« – »Fühle mich überrumpelt.« (1)
- »Sie sprechen wohl den Vorfall von gestern an, der Sie so empört hat!?« (2)
- »Ich möchte nicht, dass Sie in diesem Ton so mit mir reden.« (3)

Der »Dreifachschlüssel« ist ein Türöffner, ein Einstieg in ein Gespräch, gleichsam ein ausgebreiteter Teppich, auf dem dann lösungsorientierte Gespräche stattfinden können, wobei Sie entscheiden, *ob Sie alle drei Sätze, nur zwei oder nur einen (fürs erste) mitteilen und in welcher Reihenfolge.*

Der Dreifachschlüssel: Von der Hilflosigkeit zum selbstbewussten Agieren

---

3 Stellen Sie in der Gruppe Fälle vor, in denen Sie sich zunächst hilflos gefühlt haben und suchen Sie nach Lösungen, am besten in Form kurzer Interaktionen: Person A teilt Hilflosigkeit mit, die anderen reagieren nacheinander mit ihrem »Dreifachschlüssel«; zum Schluss bilanzieren.

Hilflos in folgenden Fällen	*Lösungsvorschläge in der Gruppe*
....	....
....	....
....	....

4 Antworten Sie auf die Sendersätze anderer mit Hilfe des »Dreifachschlüssels«:

a) Schüler: Deutet auf sein Arbeitsblatt und sagt: »Den Scheiß können Sie behalten.«

   Meine Antwort: ....

b) Schülerin: »Ich komm ganz toll bei Ihnen in Mathe mit.«

   Meine Antwort: ....

c) Mutter: »Mein Sohn hat Angst vor Ihnen und traut sich nicht, sich zu melden.«

   Meine Antwort: ....

d) Vater, sehr aufgeregt: »Sie haben doch Ihre Klasse überhaupt nicht im Griff. Greifen Sie doch mal durch!«

   Meine Antwort: ....

e) Klassensprecher: »Die anderen Lehrer blamieren uns immer. Sie nicht. Sie erklären es uns nochmal. Das finden wir toll.«

   Meine Antwort: ....

f) Schulleiter: »Sie sollten mal dringend eine Fortbildung machen ...!«

   Meine Antwort: ....

g) Kollegin: »Du mit deinem Methodenfirlefanz.«

   Meine Antwort: ....

5 Sammeln Sie Aussagen anderer, die Sie »hilflos« gemacht haben und trainieren Sie »Dreifach-Antworten«, wobei zunächst jeder(r) eigene Antworten gibt, die dann in der Gruppe veröffentlicht werden. Anschließend Einschätzung und ggf. Suche nach Alternativen.

.... Training ⟨••

Prävention

- Kontakt zu Menschen haben, die mich unterstützen, die mich ermutigen, die mich akzeptieren, die offen zu mir sind, die ihre Kritik mit Wertschätzung äußern.
- Situationen meiden, die mich überfordern, in denen ich mich unsicher fühle, durch die ich in Stress geraten könnte, die mich isolieren.
- Nach vertrautem Umfeld suchen und sich mit kleinen Schritten in »unbekanntes Land« wagen.
- Mich Menschen entziehen, die abwerten statt aufbauen, die destruktiv statt konstruktiv handeln, die »müde lächeln« statt herzhaft zu lachen, die überfordern statt fördern.
- Mich mental auf schwierige Situationen vorbereiten (Gespräche mit Eltern, Leitung von Elternabenden oder Gruppen, Vermittlung zwischen zwei Parteien ...).

> **Ich bestimme, von wem ich mich verunsichern lasse.**

Gewinn von Selbstsicherheit

Wenn Sie in Situationen kommen, in denen Ihre *Selbst*-Sicherheit ins Wanken gerät, dann können Sie (je nach Persönlichkeit und Kontext unterschiedlich) handeln, indem Sie z. B.

- erst mal tief Luft holen
- sich einen Zeitpuffer geben (= nicht sofort reagieren)
- zurückfragen und nach Klärungen suchen
- über sich selbst lächeln (Humor entspannt!)
- Provokationen vermeiden
- die Unsicherheit mitteilen
- ein Gespräch anbieten
- um eine Pause bitten
- »aus dem Feld gehen«
- ggf. eine Nacht darüberschlafen

8 Machtvoll statt ohnmächtig

Ziel: aus Machtspielen aussteigen und autonom handeln

Schüler: »Warum müssen wir den Scheiß lernen? Das brauchen wir doch später nie!« –
Konsterniert antwortet der Lehrer: »Weil ich es will!«

Dass er auf die Schüler/Schülerinnen eingehen oder auf den Stoffplan verweisen könnte, übersieht er in seiner Aufregung.

Das Thema Macht ist immer noch (Erziehungs-)Realität: Wie geht es *Kindern, Jugendlichen und Erwachsenen,* wenn sie ständig von anderen gesagt bekommen, was sie tun sollen; wenn man ihnen Gefühlsäußerungen verbietet; wenn ihre Erfahrungen bagatellisiert und ihnen Meinungen anderer oktroyiert werden; wenn sie im Elternhaus, in Klassenzimmern, in Büroräumen und Werkhallen gemobbt werden?

Was die Schule betrifft, so geht die Betrachtungsweise in zwei Richtungen, nämlich die »Macht-/Ohnmachtserfahrungen« der Lehrenden und die der Lernenden.

Welche Wirkungen Macht hat, zeigt sich in den Verhaltensweisen/Handlungen von Menschen und den dahinterliegenden Haltungen:

Macht als Vermögen/Hilfe, als Stärke, als Mächtigkeit:	*Macht als unzulässiger Eingriff, als Übergriff, als Unterdrückung*
● führen, begleiten	● dominieren, erpressen
● lassen, zulassen	● determinieren
● unterstützen	● zwingen, nötigen
● wertschätzen	● abwerten
● Entfaltung ermöglichen	● Entfaltung blockieren
● ermutigen, aufbauen	● entmutigen, zerstören
● bekräftigen	● demotivieren
● schützen, begrenzen	● einengen, einsperren

····> Training ··

1 Notieren Sie Erfahrungen aus Ihrer eigenen Vergangenheit und Gegenwart, in denen Sie die Macht anderer als belastend, übergriffig, verletzend erlebt haben:

···

·· Training <····

Ich beobachte auf Wunsch einer Schulleiterin eine Unterrichtsstunde von ihr und stelle fest, dass sie häufig die Kinder gängelt, an sie appelliert und relativ rasch zu Sanktionen greift. In der anschließenden Besprechung sagt sie u. a.: »Aber die müssen doch tun, was ich will. Schließlich habe ich die Verantwortung für sie.« – (und etwas später) »Das gilt übrigens auch für mein Kollegium.«

Ihre »Zöglinge«: Kinder und Erwachsene. Ihre Motive: Macht, Dirigismus, Sorge um die Anbefohlenen, Verantwortung für andere …

> **Der Mächtige unterdrückt. Seine Motive sind Hilflosigkeit, Ohnmacht und Angst.**

Eine Oma geht mit ihren beiden Enkeln spazieren. Sie trifft ihre Freundin, die interessiert fragt: »O, wie alt sind denn die beiden Kinder?« Worauf sie zur Antwort bekommt: »Der Jurist ist neun und die Ärztin vier.«

Sie weiß schon genau, was ihre beiden Enkel werden sollen. Ob sie und die Eltern ihre Vorstellung mit Macht durchdrücken oder ob es lediglich ihre Wünsche sind? (Die man erfüllen kann oder nicht.) Und wie ist es nun mit Ihrer eigenen Macht/Ohnmacht den Schülern/Schülerinnen gegenüber?

⋯⋗ Training ⋯⋯⋯⋯⋯⋯⋯⋯⋯⋯⋯⋯⋯⋯⋯⋯⋯⋯⋯⋯⋯⋯⋯

2 Besprechen Sie in der Gruppe das folgende Szenario »Die Colabüchse«:

Ein Schüler klopft permanent mit einer Colabüchse auf die Schulbank … Der Lehrer bittet, er solle aufhören; ermahnt … Der Schüler klopft weiter, grinst. Der Lehrer geht zum Schüler und will ihm die Büchse entreißen; der Schüler hält die Büchse fest. Lehrer und Schüler: Hin- und Herzerren an der Büchse, so lange, bis der Lehrer sie in der Hand hält. Der Schüler lehnt sich zurück und sagt: »Arschloch«, verschränkt die Arme und legt die Beine auf die Bank. Der Lehrer: »Heute Nachmittag kommst du zur Strafe in die Schule.«. – Der Schüler kommt nicht …

Diese Situation schilderte mir ein Berufsschullehrer und sagte am Ende des Gesprächs: »Ich spürte diese Macht des Schülers. Ich selbst fühlte mich völlig machtlos, ausgeliefert und hatte nur ein Ziel: Heil aus der Situation herauszukommen.«

> **Wir können nicht machen, dass der/die andere macht, was wir wollen. Aber wir können nach »ICH-Handlungen« suchen.**

Analysieren Sie die konkreten Situationen:

....

....

Suchen Sie nach Handlungsalternativen:

....

....

Mögliche Lösungen (= Ausstieg aus dem Machtspiel):
Kein »Colabüchsegezerre« (bei dem es einen Sieger und einen Verlierer gibt); Ende der Abhängigkeit des Lehrers, die so lange währt, so lange der Schüler die Büchse behält; autonomes Handeln des Lehrers, indem er sagt: »Du klopfst; mich nervt das.« Deshalb ...
a) höre *ich* jetzt auf zu unterrichten.
b) warte ich, bis ich wieder in Ruhe weiter unterrichten kann.
c) arbeite ich mit denen, die jetzt mit mir arbeiten wollen.
d) gehe ich mit den anderen dorthin, wo wir ungestört sind.
e) ....
f) ....

.... Training ⁘⋯

Es geht darum, in solchen und ähnlichen Situationen autonom zu bleiben, d. h., aus dem ICH heraus zu handeln und nicht ins DU der Abhängigkeit zu gelangen. (Wenn DU nicht aufhörst mit …, dann wirst DU …!)
   Die Beantwortung folgender Fragen führt aus der Abhängigkeit:
a) Was mach ich mit *mir*, wenn die Personen sich nicht so verhalten, wie ich will?
b) Was mache ich mit *mir*, wenn die Dinge nicht so sind, wie ich sie gerne haben möchte?
c) Was mache ich mit *mir*, wenn die Situationen nicht so sind, wie ich sie haben möchte?

> **Ich-Entscheidungen treffen, statt auf Du-Forderungen beharren, handeln statt verharren, sich lösen statt abhängig bleiben.**

3

Sammeln Sie in der Gruppe Situationen, in denen Sie sich ohnmächtig gefühlt haben, und suchen Sie Lösungen:

Ohnmächtig in folgenden Situationen	*Machtvoll durch folgende autonomen Handlungen*
....	....
....	....
....	....

Unlängst in einer Supervision: Frau G. weiß keinen Rat mehr: »Der X starrt mir immer auf den Busen. Neulich sagte ich zu ihm, er solle das bleiben lassen. Da grinste er bloß und sagte: ›Warum, das tu ich doch gar nicht!‹«

Machtwechsel

- mächtig sein statt ohnmächtig agieren
- anbieten statt überreden und aufdrängen
- sich selbst behaupten statt sich durchsetzen
- selbst »machen« statt andere zum »Machen« zwingen
- machen lassen und loslassen statt festhalten und einengen
- eigene Grenzen zeigen und setzen statt andere begrenzen

Empfehlungen

- die Ansicht aufgeben, man könne von außen andere verändern. Von außen kann man nur Bedingungen schaffen, schützen, begrenzen, verhindern …
- Abschied nehmen von der Meinung, man könne anderen Lern-/Verhaltensziele vorschreiben: »Ich möchte, dass du …« Was andere lernen, bestimmen sie selbst: sich verändern, entwickeln, wachsen; aber auch stehen bleiben, verharren …
- sich bewusst werden, dass man andere zwar stimulieren, sie aber nicht motivieren kann (Bewegen müssen sie sich schon selbst.)
- überlegen, was man selbst will, wenn man will, dass der/die andere wollen soll; z. B.: ungestört und in Ruhe unterrichten und positive Beziehungen zu den Schülern/Schülerinnen herstellen: Ich habe Interesse an dir …; du bist mir wichtig …; ich mache mir Sorgen um dich …

9 Vom Du-Ärger, Ich-Ärger, Nicht-Ärger

> Ziel: »Mensch, ärgere dich nicht!«

Es gibt »tausend Gründe«, warum und worüber Menschen sich ärgern, in der Schule allemal. Ich habe gesammelt. Lehrerinnen/Lehrer sagen: »Mich ärgert …,

wenn die Schüler *zu spät kommen, mich nicht grüßen, keine Hausaufgaben machen, im Unterricht schwätzen, nicht mitmachen, das Handy benützen, Blödsinn reden, ungepflegt sind, Ausreden haben, hinter meinem Rücken tuscheln u. a. m.*

wenn die Kolleg/innen *unzuverlässig sind, Listen verschlampen, Termine vergessen, Vereinbarungen nicht einhalten, über Schüler schlecht reden, sagen, sie hätten keine Probleme, sich bei Eltern beliebt machen, sich nicht kooperativ zeigen, alles madig machen u. a. m.*

wenn die Schulleitung *sich einfach durchsetzt, ihre Entscheidungen nicht transparent macht, Termine nicht einhält, mich nicht rechtzeitig über Sachverhalte informiert u. a. m.*

wenn die Eltern *unrealistische Forderungen stellen, alles besser wissen wollen, fordernd und uneinsichtig sind, Fehlverhalten ihrer Kinder beschönigen, meine Noten anzweifeln, gleich mit dem Rechtsanwalt drohen, mich sogar am Wochenende anrufen u. a. m.*

wenn die Behörden *zu den Eltern halten, mich im Regen stehen lassen, nicht klar Stellung beziehen, häufig auf andere verweisen, mich wochenlang auf Antwort warten lassen, ständig Neuerungen erwarten, sich auf Formalien zurückziehen u. a. m.*

(Wobei die Frage nach Berechtigung, nach sog. Objektivitäten in der Sache hier nicht das Thema ist.)

····❖ Training ···

1 Vielleicht können Sie die Liste noch ergänzen:

....

....

....

··· Training ❖····

Schier grenzenlos gibt es also Menschen und Situationen, über die man sich ärgern kann. Was die Menschen betrifft, so heißt ihr häufigster Satz: »Ich ärgere mich, weil DU …«

Nun steckt allerdings hinter jedem DU ein ICH:

Ich ärgere mich, weil DU …	*Ich ärgere mich, weil ICH …*
zu spät kommst	warten muss
im Unterricht schwätzt	mich gestört fühle
Termine verpasst	Mehrarbeit habe
negativ über mich redest	mich bloßgestellt fühle
nicht mit mir kooperierst	alles allein machen muss

···⦙ **Training** ···

2 Formulieren Sie bitte zuerst Ihren DU-Ärger und leiten dann daraus Ihren ICH-Ärger ab:

Ich ärgere mich, weil DU ...   *Ich ärgere mich, weil ICH*

....
....
....
....

> **Wer sich über jemanden ärgert, sagt sehr viel über sich selbst aus.**

Solange wir den Ärger am anderen, am DU »festmachen«, so lange bleiben wir von ihm abhängig; z.B.: Ich ärgere mich erst dann nicht mehr, wenn der Schüler/die Schülerin pünktlich ist; wenn er/sie seine/ihre Hausaufgaben macht; wenn der Kollege/die Kollegin Vereinbarungen einhält u.a.m.

Diese Abhängigkeit vom Verhalten anderer reduziert sich oder schwindet und die eigene Autonomie kommt zum Tragen, wenn wir vom DU-Ärger zum ICH-Ärger wechseln. Denn: Das eigene Ich können wir selbst verändern, sind also handlungsautonom; z.B.: Ich warte nicht mehr; ich unterbreche den Unterricht; ich kontaktiere einen anderen Kollegen ...

3 Diskutieren Sie in der Gruppe das Thema: Statt sich zu ärgern, autonom handeln.

....
....
....

4 Sammeln Sie Situationen, in denen Sie sich bisher über andere geärgert haben. Formulieren Sie Ihren Ich-Ärger und suchen Sie dann nach autonomen Handlungsmöglichkeiten:

a) Du-Ärger / b) Ich-Ärger	*Handlungsvorschläge (statt Ärger)*
a)	....
b)	....
a)	....
b)	....
a)	....
b)	....

Wir können mit wesentlich weniger Ärger auskommen, wenn wir an die Stelle des »Sich Ärgerns« entsprechende Handlungen setzen (was auch gesünder ist), und das heißt:

> **Vom Du-Ärger zum Ich-Ärger zum Nicht-Ärger (= Handeln)**

·· **Training**

Eine besonders wichtige »Ärgerreduzierung« besteht darin, dem anderen nicht den eigenen Ärger, sondern die eigenen Schwierigkeiten, Belastungen, Nachteile mitzuteilen:

Zum Schüler: »*Wenn du zu spät kommst, dann irritiert mich das.*«
Zur Kollegin: »*Wenn du dich nicht an die Vereinbarung hältst, habe ich Mehrarbeit.*«
Zum Schulleiter: »*Wenn Sie mir nicht sagen, was Sie vorhaben, kann ich mich nicht darauf vorbereiten.*«

> **Ärgersätze blockieren die Beziehung, während persönliche Mitteilungen Klärungen bringen. Also: Ärger raus, Handlungen rein!**

5 Formulieren Sie Sätze aus Ihrem Erfahrungsschatz, in denen Sie keinen Ärger, sondern Persönliches mitteilen (siehe oben):

....

....

....

Hinweis: Ärzte, beispielsweise, teilen Patienten nicht ihren Ärger mit (wenn diese weiterhin rauchen, keinen Sport treiben oder keine Medikamente nehmen), sondern weisen auf die Konsequenzen hin ...

··· **Training** ⫸····

Empfehlungen: ohne Ärger leben

- Stress meiden: Er ist einer der größten Ärgerauslöser. Es braucht nur eine Kleinigkeit und schon möchte man aus der Haut fahren.
- Im Jetzt leben: Wer die Altlasten der Vergangenheit und die Fantasielasten der Zukunft mit sich herumschleppt, hat kaum noch die Kraft für die Reallasten der Gegenwart und ärgert sich womöglich über jede (Belastungs-)Kleinigkeit.
- Für Neues offen sein: Wer nicht bereit ist, sich für Neues zu öffnen, ärgert sich über jede Veränderung und bleibt hoffnungslos auf dem »Schulweg« alleine zurück. Veränderungen, auch wenn sie des Öfteren verunsichern oder schmerzen, sind Ausdruck von Lebensfluss und Lebendigkeit.
- Den Ärger bei sich suchen: Was ist es, was mich ärgert? (= Was ärgert mich an MIR ...?) z.B. die eigene Unzulänglichkeit; das eigene Versagen, die eigenen Fehler ...
- Realitäten annehmen: Mit klarem Blick sehen, was »Beziehung und Sache« ist, und dass Störungen und Konflikte, Unebenheiten und Reibungen, Gewünschtes und Ersehntes im Zusammenleben mit so vielen und unterschiedlichen Menschen in der Schule normal sind und zu unserem Alltag gehören.
- Einstellungen ändern: Erfüllbare Erwartungen haben – und in der Folge weniger enttäuscht und verärgert sein; auch hier wieder gilt: Ich entscheide, wer und was mich ärgert.
- Stärkung suchen: Herausfinden, was einem guttut und stärkt: Ich achte auf das mir Mögliche und akzeptiere das Unvermeidliche. Es ist wie bei einem Kind: Lernen, mit Wünschen zu leben.
- Anforderungen reduzieren: Anforderungen, die wir an uns selbst haben, übertragen wir des Öfteren an andere – und sind dann verärgert, wenn sie von den anderen nicht erfüllt werden. Ärger minimieren heißt in diesem Zusammenhang, die Anforderungen überdenken und ggf. reduzieren.

10 Herausforderungen annehmen

> Ziel: sie annehmen, reflektieren und ohne Überforderungen handeln

Herausforderungen gibt es in jedem Beruf. Wenn es jedoch zu Überforderungen kommt, liegt es häufig auch an den Beteiligten und nicht nur an den »Umständen« oder an den anderen, wer auch immer das sein mag.

In den letzten Jahren kamen vermehrt oder Neues an An- bzw. Herausforderungen bzw. Belastungen hinzu: Schul-, Unterrichts-, Personalentwicklung, Teamarbeit, Inklusion, komplexe und vielfältige zwischenmenschliche Probleme, extreme Störungen (u. a. Mobbing), Kommunikationsformen im Internet, Social Media, didaktische Paradigmenwechsel, wissenschaftliche Erkenntnisse und fachliche Neuerungen, zeitliche Beschleunigungen und inhaltliche Überfrachtungen, Verwaltungstätigkeiten, unrealistische Erwartungshaltungen anderer, Globalisierungstendenzen … (Qualifizierte Fortbildung kann hier manches auffangen, darf aber reale Überforderungen nicht kaschieren.)

Ich gehe im Folgenden auf vier Handlungsbereiche ein:
1. Die eigenen Fähigkeiten wahrnehmen
2. Sich den Herausforderungen stellen
3. Innere Überforderungen erkennen und sich selbst entlasten
4. Äußere Überforderungen wahrnehmen und Grenzen setzen

⋯⋗ Training ⋯⋯⋯⋯⋯⋯⋯⋯⋯⋯⋯⋯⋯⋯⋯⋯⋯⋯⋯⋯⋯⋯⋯⋯⋯

1 Die eigenen Fähigkeiten wahrnehmen

Nur wer die eigenen Fähigkeiten kennt, kann auch erkennen, ob es sich um realistische Herausforderungen, um dringende Maßnahmen oder um innere/äußere Überforderungen handelt. Notieren Sie Ihre beruflich wichtigsten persönlichen und zwischenmenschlichen Fähigkeiten (durch eigene Einschätzung und ggf. auch durch andere Personen):

⋯⋯⋯⋯⋯⋯⋯⋯⋯⋯⋯⋯⋯⋯⋯⋯⋯⋯⋯⋯⋯⋯⋯⋯⋯⋯⋯⋯⋯⋯⋯⋯⋯

⋯⋯⋯⋯⋯⋯⋯⋯⋯⋯⋯⋯⋯⋯⋯⋯⋯⋯⋯⋯⋯⋯⋯⋯⋯⋯⋯⋯⋯⋯⋯⋯⋯

⋯⋯⋯⋯⋯⋯⋯⋯⋯⋯⋯⋯⋯⋯⋯⋯⋯⋯⋯⋯⋯⋯⋯⋯⋯⋯⋯⋯⋯⋯⋯⋯⋯

Behalten Sie diese bitte im Auge!

2 Sich den Herausforderungen stellen

In jedem Beruf gibt es Alltagsroutinen und Aufgaben, die unter normalen Bedingungen erfüllt werden können. Eine umfassende Berufsaus- und -fortbildung ist u.a. Garant dafür, unbeschadet zu arbeiten. Es gibt aber auch An-/Herausforderungen, denen man sich stellen muss und die u.U. an die Grenzen der Belastbarkeit gehen. Notieren Sie Aufgaben in Ihrem Beruf, die Sie als (besondere) Herausforderungen erleben und den »Schweregrad« (1 = leicht; 2 = mittel; 3 = schwer; 4 = Tendenz zur Überforderung):

Herausforderungen   *Schweregrad*

....

....

....

Arbeit in der Gruppe: Besprechen Sie Ihre Herausforderungen und Einschätzungen unter folgenden Gesichtspunkten:

Übereinstimmungen: ....
....

Schweregradunterschiede: ....
....

Unumgängliche Herausforderungen: ....
....

Alternativen: ....
....

Abschätzung: machbar/nicht machbar: ....
....

Mein bisheriger Erkenntnisgewinn: ....
....
....
....

Soweit die Klärung der Herausforderungen. Damit sie nicht in (gesundheitsschädliche) Überforderungen »kippen«, ist es notwendig, diese Grenzüberschreitungen zu erkennen. Es gibt zwei »Richtungen«: die eine nach innen, die andere von außen:

3   **Innere Überforderungen erkennen und sich selbst entlasten**

Sie haben oft ihren Ursprung in der Kindheit, in der Menschen sog. »innere Antreiber« von außen (Elternhaus, Schule) erfahren und verinnerlicht haben: »Lass dich nicht so gehen!« – »Erfülle deine Aufgaben!« – »Mach dein Abi!« – »Aufgeben ist Schwäche.« U.a.m. Entdecken Sie Ihre eigenen »inneren Antreiber« und stellen Sie fest, welche Sie heute noch »stimmig« für sich behalten oder modifizieren wollen:

Antreiber   *behalten/modifizieren*

....

....

....

Die »inneren Antreiber« der Vergangenheit werden so in echte und akzeptierte Aktivitäten umgewandelt, durch die man die Herausforderungen annehmen kann, sich jedoch von ihnen nicht überfordert fühlt:

> **Aus dem früheren Gehorsam wird autonomes Handeln.**

Was auch bedeutet:

4   **Äußere Überforderungen erkennen und Grenzen setzen**

Die Überforderungen bestehen darin, sie gar nicht oder zu spät zu erkennen, keine Grenzen zu setzen und alles anzunehmen, was andere einem aufbürden.

Um Lehrern/Lehrerinnen zu zeigen, ob sie in der Lage sind, Grenzen zu setzen statt alles auf sich zu nehmen, demonstriere ich folgende Übung: Eine Lehrerin/ein Lehrer sitzt auf einem Stuhl. Ich stelle mich dahinter, drücke mit beiden Handflächen auf ihre Schulter, immer stärker – und warte auf ihre/seine Reaktion.

Ergebnis: Viele der Probanden reagieren kaum und lassen sich meine »Belastung« gefallen. Im Gespräch fragen sie dann: »Ja, hätte ich mich denn wehren dürfen?« Es scheint »normal« zu sein, Aufgebürdetes zu (er-)tragen ... und JA zu sagen.

Notieren Sie bitte diejenigen Forderungen, die Sie überfordern, und üben Sie in der Gruppe das »NEIN-Sagen« in Form sozialverträglicher Kommunikation, wobei Sie das »fordernde Gegenüber« über die Gründe informieren, sich aber nicht rechtfertigen.

Überforderungen   *Grenzen setzen*

....

....

Training ⟜⟜

Empfehlungen

Ohne Überforderungen leben, indem Sie …

- modifizieren statt »draufsatteln«: Nicht »mehr« heißt die Devise, sondern »anders«, was bedeutet, dass die Annahme von Neuem *gleichzeitig* die Abgabe von Altem nach sich ziehen muss, auch wenn andere dann frustriert, enttäuscht, beleidigt, beleidigend oder aggressiv reagieren. Ein starkes Ich hält dies aus. Zudem nützt es niemandem, wenn Überforderte in absehbarer Zeit das Handtuch werfen (müssen).

- delegieren statt behalten: Dies bedeutet die Fähigkeit der Delegierenden »abzugeben« (was für »Mächtige« und »Berufshelfer« bisweilen schwer ist) *und* Vertrauen zu haben in die Selbstständigkeit, Kompetenz und Motivation der Delegierten.

- abgrenzen statt annehmen: Wer sich nicht abgrenzen kann, erleidet Selbstverlust; Allesannehmer überfordern sich permanent; Abgrenzer sorgen für sich und ermöglichen anderen Selbsterfahrungen und Selbstständigkeit.

····⫶ **Training** ··

5 Diskutieren Sie in der Gruppe, welche Empfehlungen Sie als Einzelne bereits übernommen haben, welche Sie noch übernehmen werden und für welche Sie noch kollegiale Unterstützung brauchen, um sie übernehmen zu können.

6 Sind Sie tendenziell ein JA-Sager, Nein-Sager, Abwägler, Gehorsamer, Unfolgsamer oder

·· **Training** ⫶····

> Herausforderungen annehmen, Ablehnungen ohne Schuldgefühle mitteilen.

11 Kränkungen machen krank

In einer Supervisionsgruppe sagte eine Lehrerin: »Ich fühle mich oft persönlich gekränkt, wenn meine Schüler nicht das leisten, was ich von ihnen erwarte. Mir ist dann, als ob ich als Lehrerin versagt hätte.«

»Was mich am meisten kränkt« (Nichtrepräsentative Befragung von Lehrerinnen und Lehrern):

- wenn ich nicht ge-/beachtet werde
- die Abwertung und Missachtung in der Öffentlichkeit/Gesellschaft
- die Gleichgültigkeit der Schüler/Schülerinnen mir gegenüber
- dass mein Fach nicht ernst genommen wird
- wenn Menschen mich anlügen
- dass meine Arbeit nicht gewürdigt wird
- dass ich so wenig Erfolg habe

Viele Einzelerfahrungen im täglichen Leben ergeben die Grundkränkung: Ich werde zu wenig wahrgenommen, beachtet, anerkannt, geliebt.

⋯⋗ Training ⋯⋯⋯⋯⋯⋯⋯⋯⋯⋯⋯⋯⋯⋯⋯⋯⋯⋯⋯⋯⋯⋯⋯⋯⋯⋯⋯

1 Notieren Sie, was Sie kränkt: ....
....
....

2 Vergleichen Sie Ihre Notizen mit denen der anderen in der Gruppe.

Ähnlichkeiten: ....
Unterschiede: ....
Vorschläge zur Reduzierung: ....

⋯⋯⋯⋯⋯⋯⋯⋯⋯⋯⋯⋯⋯⋯⋯⋯⋯⋯⋯⋯⋯⋯ **Training** ⋖⋯

Die Wurzeln der Kränkungen gehen bis in die früheste Kindheit zurück: Kinder sind noch nicht in der Lage, für sich selbst zu sorgen und sind von der Zuwendung und Hilfe der Eltern (und anderen Erwachsenen) abhängig. Wenn diese entzogen werden und ausbleiben, z. B. Beachtung, Hilfe, Begleitung, Betreuung, Anerkennung, Liebe …, dann sind/fühlen sich die Kinder gekränkt und können – physisch und psychisch – krank werden mit u. U. folgenden Reaktionen:

- »eingeschnappt« und beleidigt sein (= sie verweigern den Kontakt)
- aggressiv sein (= sie greifen an, um sich zu holen, was sie brauchen)
- psychosomatische Symptome zeigen (= sie machen auf sich aufmerksam)

Erst im Laufe der Zeit erfahren Kinder, dass nicht alle Bedürfnisse und Wünsche erfüllbar sind/erfüllt werden, und sie erlernen eine gewisse Frustrationstoleranz, ein wichtiger Prozess auf dem Weg zum Erwachsensein. Auch im weiteren Verlauf können immer wieder Kränkungen geschehen.

···⟩ **Training** ··

3 Wenn ich gekränkt werde/mich gekränkt fühle, reagiere ich meistens folgendermaßen:

....

....

....

4 Notieren Sie Kränkungen, die Sie von anderen erfahren haben, und überlegen Sie, welche davon bis auf Erlebnisse in der eigenen Kindheit zurückgehen.

....

....

....

Zahlen
Angenommen, Sie erleben pro Schulwoche mehrmals eine Kränkung: Das sind pro Schuljahr zwischen 80 und 120 – und in einem Lehrerleben bis zu 4000 Kränkungen. (Da soll man nicht krank werden!?)

Wie sehen vermutlich Ihre Zahlen aus? ....

....

5 Notieren Sie in einem Monat Ihre Kränkungen (eventuell auch die in Ihrem Privatbereich). Ergebnis/Kommentar: ....

....

....

....

Es ist deshalb gesundheitsförderlich, die Kränkungen zu minimieren, möglichst zu vermeiden bzw. zu verarbeiten, indem man ...

a) einen Blick auf die kränkenden Erfahrungen der eigenen Lebensgeschichte wirft, sie reflektiert, klärt und ggf. mit Hilfe Dritter aufarbeitet.
b) die Situationen und kränkenden Personen genau betrachtet und mit ihnen das Gespräch sucht.
c) sich nicht in Abhängigkeiten begibt bzw. sich aus ihnen löst und lernt, autonom zu handeln.
d) sich von anderen abgrenzt und auf Distanz geht (= sich innerlich verabschieden).
e) die eigenen Stärken wahrnimmt, sich seiner Werte bewusst wird (= Selbstbewusstsein erlangen), die eigene Mitte findet und sich stabilisiert.
f) sich nicht den »Schuh anderer anzieht« (= nicht immer alles persönlich nehmen).
g) Personen meidet, die sich abwertend verhalten und sich Menschen zuwendet, die das eigene Selbstbewusstsein stärken.

6 Notieren Sie, welche der sieben Empfehlungen für Sie realistisch sind, welche Sie umsetzen können und für welche Sie die Hilfe Dritter brauchen:

Für mich realistisch, weil ....

....

....

Für mich umsetzbar, indem ich ....

....

....

Mit Hilfe Dritter, indem ich ....

....

....

•• **Training** ❖•••

Warum sind manche Menschen selten, andere aber häufiger gekränkt bzw. fühlen sich gekränkt?

Auch dies hat wieder mit ihrer Lebensgeschichte, mit ihren Erfahrungen und Prägungen, mit der jeweils unterschiedlichen Persönlichkeitsstruktur (auch Charakter genannt) zu tun – und damit, wie sie die Erlebnisse deuten.

Beispiel:

Schulleiter weisen (durchaus in sozialverträglichem Ton) ihre Sekretärinnen auf Fehler in von ihnen geschrieben Briefen hin, worauf

a) die einen dankbar für die Hinweise sind und die Fehler berichtigen,
b) die anderen missmutig die Fehler verbessern,
c) die dritten ohne Kommentar den Brief nehmen, ihn in die Ablage legen und sich tags darauf krankmelden
   … woraufhin Schulleiter wiederum – durch die Reaktion (c) – gekränkt sein könnten …

»Auf alles gefasst« sein heißt deshalb, nicht nur hier, die Devise (Näheres siehe Übungseinheit 26, S. S. 116), weil dasselbe Verhalten bei den Menschen unterschiedliche Reaktionen hervorrufen kann. Deshalb ist auch die Unterscheidung wichtig, ob jemand gekränkt wird oder sich gekränkt fühlt (= Differenzierung von tatsächlicher Handlung und subjektivem Empfinden).

···❖ **Training** ···

7 Notieren Sie, falls Sie durch das Verhalten anderer gekränkt wurden/sich gekränkt fühlten, wie Sie reagierten und wie Sie sich von der Kränkung befreiten:

Situation	*Reaktion*	*Befreiung*
....	....	....
....	....	....
....	....	....

8 Schildern Sie anderen diese Situationen und fragen Sie sie, wie diese sich verhalten/reagiert hätten.

....
....
....

Hinweis: Da Kränkungen vor allem mit lebensgeschichtlichen Ereignissen zu tun haben, ist deren Bearbeitung am besten durch professionelle Unterstützung hilfreich, wie z.B. Supervisionsgruppen oder Beratungsstellen.

·· **Training** ❖···

12 Gesund bleiben

Ziel: achtsam mit sich selbst umgehen

In der Schule heißt dies für Lehrerinnen und Lehrer, u. a. Einstellungen und Verhaltensweisen zu beachten, die ihnen zu Gute kommen und sie entlasten; darunter verstehe ich

- *ICH-Bedürfnisse wahrnehmen (1)*
- *Ziele nur für sich selbst haben (2)*
- *Verantwortung nur für sich selbst tragen (3)*
- *aufhören, andere zu motivieren (4).*

Das mag nach wenig aussehen, ist aber sehr viel, wenn man in den Schulalltag blickt, in dem diese Einstellungen und Verhaltensweisen äußerst sparsam zu erleben sind (sonst würden die gesundheitlichen Beeinträchtigungen wesentlich geringer sein).

1. ICH-Bedürfnisse wahrnehmen

Menschen, die ihre ICH-Bedürfnisse den DU-Zuwendungen hintanstellen, können SELBSTverlust erleiden und in Abhängigkeiten denjenigen gegenüber geraten, denen sie helfen wollen. Überwiegt das Helfen, so überfordern sie sich selbst bis hin zu Erschöpfung und zum Zusammenbruch.

Frau W., alleinstehend, wird von allen sehr geschätzt. Die Kinder ihrer 3. Klasse mögen sie und sie selbst kümmert sich um sie, weit über die Grenzen des Erforderlichen hinaus. Im Laufe der Zeit spürt sie aber auch, wie ihre bisher zur Verfügung stehenden Kräfte schwinden und »muss« (O-Ton) wegen psychosomatischer Beschwerden in eine Klinik. Während eines Besuches sagte sie: »Am meisten fehlen mir die Kinder. Ich hab' ja keine eigenen. Ich fühle mich hier in der Klinik so unnütz und kann für niemanden mehr da sein.«

Die Tragik: Frau W. ist krank geworden, weil sie sich zu viel um andere gekümmert hat, und leidet darunter, weil sie sich nicht mehr so viel um andere kümmern kann.

···> **Training** ···

1 Nehmen Sie Ihre eigenen Ressourcen wahr und schätzen Sie sie ein.

2 Nehmen Sie die Bedürfnisse anderer wahr und überprüfen Sie die eigenen Möglichkeiten des Helfens.

3 Reflektieren Sie immer wieder Ihre Motive des Helfens.

4 Achten Sie auf Ihre Grenzen des eigenen Tuns.

·· Training ⦂···

2. Ziele nur für sich selbst haben

»Mein Ziel ist«, sagte mir eine Kollegin, »dass die Eltern nach dem Elternabend zufrieden nach Hause gehen«. »Wäre ich ein Vater«, antwortete ich, »dann bekämen Sie mit mir Schwierigkeiten; denn, ob ich zufrieden oder unzufrieden nach Hause gehe, bestimme ich.« Nach einiger Zeit sagte sie: »Dann ist mein Ziel also zum Beispiel, dass ich gut vorbereitet bin, mich klar und verständlich mitteile, auf die Eltern eingehe …«

Wir können grundsätzlich für andere keine Ziele haben, d. h., auch nicht für Schülerinnen und Schüler, aber für sie Standards und Maßstäbe setzen, Forderungen und Wünsche äußern. Auch hier: Wer Ziele für andere hat, bleibt so lange von ihnen abhängig, bis diese sie erreicht haben.

Gute Trainer und Trainerinnen haben für die zu Trainierenden zwar keine Ziele, jedoch ausgearbeitete Trainingspläne, damit sie die eigenen Ziele erreichen können. Gute Lehrer und Lehrerinnen haben ausgearbeitete Lehr- und Trainingspläne für Schüler und Schülerinnen, aber keine Ziele für sie.

»Und wieder habe ich es nicht geschafft«, sagte ein Gymnasiallehrer, »dass in meiner Klasse alle das Abitur machen. Drei sind hängengeblieben.«

Erst im klärenden Gespräch wurde ihm deutlich, dass er für andere grundsätzlich keine Verantwortung und Ziele haben kann.

···⦂ Training ··

5 Unterscheiden Sie: eigene Ziele für sich und Wünsche an andere haben.

6 Schaffen Sie günstige Bedingungen, damit andere ihre Ziele erreichen können.

·· Training ⦂···

3. Verantwortung nur für sich selbst tragen

Während der Feier zur Ernennung zum Schulleiter sagte mir Herr S., sichtlich zufrieden, er habe nun die Verantwortung für ca. 900 Personen übernommen, Schüler und Schülerinnen, Kollegium, Personal, und er versicherte mir, dass er alles tun werde, um ihnen gerecht zu werden. Ich habe ihn sehr verstanden in dem, was er meinte – und es war nicht der Zeitpunkt, ihm zu sagen, dass er nur für sich, nicht aber für andere verantwortlich sein könne.

Wofür Schulleute meinen, verantwortlich sein zu müssen:
- *Schulleiter/Schulleiterinnen:* dass Lehrerinnen und Lehrer ihren Unterricht gut vorbereiten, pünktlich den Unterricht beginnen; rechtzeitig Formulare abgeben; Elternabende zur Zufriedenheit aller durchführen; fachlich kompetent arbeiten …
- *Lehrerinnen/Lehrer:* dass die Schüler und Schülerinnen pünktlich zum Unterricht kommen; ihre Hausaufgaben machen; sich sozialverträglich verhalten; das Klassenziel erreichen/das Abitur schaffen (siehe oben, O-Ton eines Lehrers).

····⁖ Training ···

7 Achten Sie darauf, dass Sie nur für das eigene Tun verantwortlich sind.

8 Weisen Sie andere auf deren eigene Verantwortung hin und unterstützen Sie sie in ihrem verantwortlichen Tun.

9 Handeln Sie für andere, wenn diese dazu nicht in der Lage sind (Kinder, Hilfebedürftige, Behinderte, Kranke …).

··· Training ⁖····

4. Aufhören, andere zu motivieren

Die gesundheitlichen Belastungen bestehen darin, andere zu bewegen (= motivieren): An die Stelle der Fremdbewegung soll jedoch die Selbstmotivation/-organisation treten, die von außen nicht machbar ist. Wir können aber Bedingungen schaffen, damit sie möglich wird durch Anbieten, statt Antreiben; durch Führen statt Ziehen (geführt werden kann nur einer, der geführt werden will, sonst ist er gezogen worden); durch Auslösen statt Erzwingen; durch Stimulieren statt Dominieren.

Ein Vater geht mit seinen beiden Kindern in eine Buchhandlung, in der es viele Leseecken gibt. Er spendiert ihnen je 10 Euro mit den Worten: »Sucht euch was Schönes aus.« Der Junge, neun Jahre alt, kann schon lesen und eilt davon. Das Mädchen, etwa vier, und der Bilderbücher überdrüssig, bleibt zurück und murmelt: »Jetzt wird's Zeit, dass ich auch lesen lerne.«

Selbstmotivation des Mädchens: Es bewegt sich, weil es keine Lust mehr hat, Bilderbücher anzusehen (Fremdmotivation überflüssig).

Hinter dem Wunsch, andere zu bewegen, steht oftmals die Angst, sie würden sich nicht dorthin begeben, wohin man sie haben möchte. Hinter dem Zwang, andere zu bewegen, steht oftmals Macht, weil man sie da haben möchte, wo sie zu sein haben. Es ist ethisch unzulässig, andere zu motivieren im Sinne von: Ich bestimme über dich, wann, wie und wohin du dich zu bewegen hast.

Im Gespräch mit Sportlern habe ich zwei Tendenzen immer wieder erlebt. Die einen: Es hilft mir sehr, wenn mein Trainer mich während des Wettkampfs anspornt. Die anderen: Ich will in Ruhe gelassen werden; ich kann mich selbst motivieren. Die einen fordern »Fremdbewegung«, anderen genügt Selbstbewegung.

······> Training ···

10 Unterscheiden Sie zwischen Selbstmotivation und Bedingungen schaffen, damit andere sich (selbst) motivieren können.

11 Teilen Sie anderen eigene Wünsche, Forderungen, notwendige Standards mit und unterstützen Sie sie bei ihren »Selbstbewegungen«.

Das eigene Ich vernachlässigen, Ziele für andere haben, für andere Verantwortung übernehmen und sie motivieren wollen, ist grundsätzlich anstrengend, psychisch belastend und kann zu schweren körperlichen wie seelischen Krankheiten führen.

12 Wie geht es Ihnen, wenn Sie häufig/ständig/immer (tagaus, tagein) für die Schüler/Schülerinnen die Verantwortung tragen, für sie Ziele postulieren, sie motivieren – und dabei sogar selbst zu kurz kommen? Welche Konsequenzen hat das für Sie?

··· Training ·······

13 Handeln ohne Ängste

> Ziel: Ängste wahrnehmen, sie reflektieren, minimieren bzw. transformieren

Es geht hier nicht um *existentielle* Ängste, sondern um Ängste im Berufsfeld Schule und darum, wie man angstfrei handeln kann.

Bei Lehrerinnen und Lehrer stelle ich seit vielen Jahren hauptsächlich folgende Grundängste fest, und zwar die Angst …

a) den *eigenen* Ansprüchen nicht zu genügen (»O Gott, schon wieder versagt. Ansprüchen nicht zu genügen aber blamiert.")

b) die Erwartungen *anderer* nicht erfüllen zu können

c) zu wenig zu leisten und zu oft zu versagen

d) zu wenig Zuwendung zu bekommen bzw. sie zu verlieren.

Aus diesen vier Grundängsten entstehen dann eine Reihe von einzelnen Ängsten, die sich im Alltag manifestieren können, wie z. B.: Elternabende halten; im Kollegium sich mitteilen; vor großen Gruppen sprechen; mit Schülern/Schülerinnen nicht »fertig werden«; in Gesprächen den Kürzeren ziehen; mit dem Stoff hinterher hinken u. a. m.

····⟩ **Training** ···

1 Notieren Sie Ihre eigenen Ängste in Ihrem schulischen Alltag:

···

···

···

2 Sprechen Sie in der Gruppe über diese Ängste und darüber, wie sich diese konkret in Ihrem aller Handeln auswirken:

···

···

···

·· **Training** ⟨····

Vier Empfehlungen zur Minimierung von Ängsten

1. Von idealistischen zu realistischen Erwartungen gelangen: den Blick auf das richten, was ist, und nicht darauf, was »man« wünscht oder was unbedingt sein soll.

Ein Kollege hatte seit Jahren einen hohen Anspruch an sein eigenes Tun, den er in dem Satz ausdrückte: »Ich muss es doch schaffen, dass alle Eltern mit mir zufrieden sind.«

2. Erwartungen anderer als Erwartungen sehen (und als sonst nichts!): Wir koppeln die »Erwartungen anderer an uns« mit »Erfüllung der Erwartungen« – statt zu trennen: Erwartung an uns ist das eine, Erfüllung das andere. Der Leitsatz lautet:

> Ich nehme die Erwartungen anderer auf, überdenke sie und entscheide, was ich tun kann (und was nicht).

Ein Vater zu einer Grundschullehrerin: »Sie müssen unbedingt erreichen, dass mein Sohn die Empfehlung für das Gymnasium bekommt.« – In der Beratung sagte die Lehrerin, sie fühle sich total unter Druck gesetzt und empfinde die Erwartungen sogar als Bedrohung, was bei ihr große Ängste auslöse.

3. Die eigene Professionalität festigen bzw. erweitern: Wissen und Können geben Sicherheit und minimieren dadurch Ängste.

»Mir kann man nicht so schnell an den Karren fahren« sagte, sehr selbstbewusst, ein Kollege. »In der Schule bin ich der Fachmann und mit den Gesetzen kenne ich mich aus.«

4. Respekt erwarten: Wir können Respekt einfordern, nicht jedoch Geliebtwerden, auch wenn dieser Wunsch sehr verständlich ist:

Eine Kollegin teilte jede Woche am Montag in der ersten Stunde ihren Schülerinnen/ Schülern (= Kindern) Bonbons aus. Als ich sie einmal vor Unterrichtsbeginn dabei beobachtete und sie nach dem Grund fragte, sagte sie: »Ach, wissen Sie, das sorgt für gutes Klima und (etwas errötend) die Kinder mögen mich dann mehr.«

> Wer Angst davor hat, von anderen nicht mehr geliebt zu werden, tut (fast) alles, um die Liebe aufrecht zu erhalten, und begibt sich damit in Abhängigkeiten.

Die Schule ist nicht der Ort, um vom Schulleiter/von der Schulleiterin, von den Kollegen und Kolleginnen, den Schülerinnen und Schülern, den Eltern geliebt zu werden. Die Unabhängigkeit von ihrer »Liebe« ist schlechthin *die* Voraussetzung, als Lehrerin/

Lehrer frei und (fast) ohne diese Grundängste zu leben und dadurch auch Bedingungen für gutes Unterrichten zu schaffen.

····∴ **Training** ··

3 Sprechen Sie über diese vier Empfehlungen in der Gruppe, notieren Sie, welche für Sie einzeln und welche mehrheitlich infrage kommen:

....

....

....

4 Daraus ziehe ich/ziehen wir folgende Konsequenzen:

....

....

....

·· **Training** ∴····

Wer seinen Beruf professionell ausüben will, muss angstfrei agieren können (was mit einschließt, ab und an »weiche Knie« zu haben).

Vier »Angsttöter«:

1. Eine fundierte Ausbildung mitbringen und sich stetig fortbilden. Was man von anderen Berufen erwartet, gilt auch für den eigenen.
2. Sich Situationen vorstellen, die Angst auslösen und solches Handeln antizipieren, das diese Angst vermindert oder verhindert: sich auf ein Gespräch vorbereiten; sich eine Vorgehensweise zurechtlegen; sich vorstellen, vor einer großen Gruppe zu sprechen.
3. In bestimmten Situationen die auftretende Angst artikulieren und in Aktivität umsetzen: »Liebe Eltern, dies ist mein erster Elternabend; da ist mir jetzt etwas mulmig zumute …«
4. Menschen, die einem Angst einflößen, Grenzen setzen oder meiden: »Ich möchte nicht, dass Sie in diesem Ton mit mir reden …« »Wenn Sie weiterhin so abfällig reden, beende ich das Gespräch.«

5 Überprüfen Sie diese »Angsttöter« dahingehend, welche für Sie hilfreich sind und welche Sie ausprobieren wollen.

Beispiele aus meiner Angsttöterkiste:

Als ich noch nicht versiert genug war, vor vielen Menschen Vorträge zu halten, bemerkte ich jeweils, dass meine Hände auf dem Weg zum Podium zitterten. Da kam ich auf die Idee, die linke mit der rechten zu streicheln. Das beruhigte sie und tat mir gut.

Wenn ich Gespräche leite und merke, dass eine angespannte Atmosphäre herrscht, die mich tangiert, lehne ich mich zurück, sitze aufrecht (um meinem Zwerchfell mehr Raum zu geben) und atme bewusst und tief (was sonst meistens unbewusst geschieht).

Wenn ich vor vielen Menschen spreche, nehme ich auch immer Gesichter wahr. Dann konzentriere ich mich auf die, die mich direkt ansehen, die mich anlächeln, die nicken ..., die also auf mich positiv wirken.

6 Notieren Sie für sich – und/oder zusammen mit anderen – solche oder ähnliche Beispiele, die Ihnen helfen, Ängste loszuwerden, um dann angstfrei agieren zu können:

....

....

7 Sprechen Sie in der Gruppe darüber und tauschen Sie Ihre Erfahrungen aus:

....

....

8 Sammeln Sie für sich – und/oder mit anderen zusammen – Situationen, in denen Sie bisher Angst hatten, und notieren Sie Ihre Vorhaben (»Ich werde ...«):

Angstsituationen	*Vorhaben*
....	....
....	....
....	....

9 Führen Sie diese Vorhaben aus und ziehen Sie Konsequenzen (erfolgreich, noch Übungsbedarf, Schwierigkeiten, nicht geeignet, Alternativen ...):

a) ....

b) ....

c) ....

14 Mit *Gefühl* und Kopf und Hand

> Ziel: Gefühle, Verstand und Handlungen als Partner betrachten

Dialog I

Feride zu ihrem Mathelehrer, während einer Pause: »Ich bin so froh, dass wir Sie in Mathe haben. Ich kapier' fast alles, weil Sie so gut erklären.« »Ui, das freut mich«, antwortet Herr F. Ein Lächeln hin, ein Lächeln her – und beide trennen sich wieder.

Dialog II

Gerrit zu seinem Lateinlehrer, im Anschluss an eine Unterrichtsstunde: »Bei Ihnen bin ich viel besser in Latein als im letzten Jahr bei Herrn D. Hoffentlich kriegen wir Sie auch wieder im nächsten Jahr.« – »Ist schon gut«, brummelt Herr N. – »und jetzt streng dich auch weiterhin an.«

Mit welchen Gefühlen Feride und Gerrit wohl wieder an die Arbeit gingen? Und mit welchen Herr F. und Herr N.? Würden Sie eher wie Herr F. oder eher wie Frau N. antworten?

Gefühle sind u. a. der »Motor« unseres Handelns. Deshalb ist es von großer Bedeutung, die Gefühle wahrzunehmen und sie – wenn es der Kontext ermöglicht – mitzuteilen, statt sie zu verstecken (Psychohygiene im Schulalltag!).

Beispiel
Sie haben eine Wut auf einen Schüler (Gefühl) und schreien ihn deshalb an (Handlung/Verhaltensweise). Im Nachhinein reflektieren Sie Ihr Verhalten und kommen zum Ergebnis, den Schüler ungerecht behandelt zu haben. Sie ändern ihm gegenüber Ihre Einstellung, geraten deshalb nicht mehr so rasch in Wut (Gefühl) und sprechen in Ruhe mit ihm …

Eine Schule, die sich dem Primat des Denkens, der Sachbezogenheit (Stoff-Vermittlung) und der Wissenschaftlichkeit verschrieben hat, tut sich schwer mit dem Fühlen und der Akzeptanz von Gefühlen, vor allem mit belastenden wie Angst, Wut, Zorn, Enttäuschung, Trauer … Lachen in der Öffentlichkeit wird akzeptiert, Weinen als Gefühlsausdruck wirkt peinlich und sollte tunlichst vermieden werden. Und wenn ein Sportler – männlich! – bei der Siegerehrung Tränen zeigt, so wird das vom Berichterstatter besonders hervorgehoben.

Wie vielfältig sich Gefühle im Schulalltag offenbaren:

Nämlich so: »Ich habe eine Wut auf dich; ich könnte dich …« – »Ich bin ganz außer mir.« – »Am liebsten würde ich um mich schlagen.« – »Ich könnte schreien vor Zorn.« – »Ich bin ganz gelähmt und zu nichts mehr fähig.«

Aber auch: »Ich könnte jauchzen vor Freude.« – »Ich möchte tanzen vor Glück.« – »Am liebsten würde ich Purzelbäume schlagen.« – »Ich bin ganz happy.« – »Ich könnte dich knutschen.«

····❯ **Training** ···

1 Notieren Sie, was diese genannten Äußerungen bei Ihnen auslösen und wo und wie Sie sich selbst »wiederfinden«:

....

....

Vor einem Zimmer in einer Behörde sehe ich ein Zusatzschild mit der Aufschrift: »Hier ist nur sachliche Kritik erwünscht!«

Wie wohl das dahinterliegende Gefühl heißen mag? Und: Sachliche Kritiken haben immer auch emotionale Beweggründe.

2 Meine Meinung, Ihre Erfahrungen dazu: ....

....

··· **Training** ❮····

Wer keine Emotionen mehr zeigt, also seine Gefühle nicht mehr »aus sich herausbewegt« (= ex movere), der wirkt leblos. Gefühlsausdruck vermittelt Lebendigkeit, die sehr unterschiedlich wahrgenommen und bewertet wird: Als Kinder haben wir gelernt, dass die Äußerung von Freude und Heiterkeit (Lachen), dass Freundlich- und Liebsein für die Erwachsenen angenehm, jedoch Wut (Brüllen), Zorn (Stampfen), Aggression (Schimpfwörter sagen) und Trauer (Weinen) unangenehm für sie sind. Also haben wir gelernt zu sortieren: die »guten« gesagt, die »schlechten« vertagt (= geschluckt, verdrängt!).

3 Blick in meine Kindheit:

Gefühle, die ich zeigen durfte   *Gefühle, die ich verbergen musste*

....

....

Menschen, die Gefühle spüren, sind meistens auch in der Lage, mit ihnen behutsam umzugehen und sie im entsprechenden Kontext zu äußern, einen angemessenen Zeitpunkt der Mitteilung abzuwarten, sich ihrer nicht zu schämen, die Vielfalt der Reaktionen in Kauf zu nehmen bzw. auszuhalten.

Mit Gefühlen umgehen …

gesundheitsschädlich:	gesundheitsförderlich:
● sich der Gefühle schämen	Gefühle, wie sie sind, annehmen
● sie abwürgen	sie zulassen
● sie verdrängen	sie wahrnehmen
● sie in Alkohol ertränken	sie zur »Sprache« bringen
● ironisch sein	zu ihnen stehen

....

....

> **Es ist wie bei einem Eisberg: auf der Oberfläche das Gesagte – und darunter die eigentlichen Botschaften**

····∴ Training ···

4 Sammeln Sie in der Gruppe Situationen (Fälle), in denen Sie den Eindruck hatten bzw. die Erfahrung gemacht haben, gefühlsmäßig nicht (ganz) stimmig/authentisch agiert zu haben.

5 *Weitere Beispiele:*

Frau M. kommt zu Ihnen, klagt über ihren Sohn, den Tränen nahe, weil sie mit ihm »überhaupt nicht mehr zurande kommt« – und Sie antworten als ersten Satz: »Was macht er denn alles?« (Übergehen der Tränen von Frau M.)

Situation	Aktion/Reaktion
....	....
....	....

Herr P. kommt wutentbrannt (!) in die Schule, wartet Ihren Gruß gar nicht ab, und sagt: »Sie haben was gegen meinen Sohn!« Darauf antworten Sie: »Das stimmt nicht!«

6 Besprechen Sie in der Gruppe diese beiden Begebenheiten und finden Sie Antworten: empathisch/verstehend und sachlich/informativ und achten Sie auf die Reihenfolge.

7 Frau Meier kommt zu Ihnen und fragt, wie denn die Leistungen ihrer Tochter sind. Darauf Sie: »Schön Sie zu sehen. Wie geht es Ihnen?« Diskutieren Sie die »kommunikative Schieflage«.

.... **Training** ⫶···

Die Psycho-Logik (mit ihren Emotionen) dominiert die Sach-Logik (mit ihren Gedanken und Argumenten). Die »eigentlichen Beweggründe«, etwas zu tun, sind somit nicht die Argumente, sondern die darunterliegenden Gefühle (die übrigens genetisch älter sind!). Deshalb:

> **Ein Schulprofi lässt Gedanken und Gefühle zu, ist kompetent auf der emotionalen wie rationalen Ebene und kann sich auf beiden sicher bewegen.**

Gefühlekiller in der Kindheit

- »*Wenn ich weinte, sagte mein Papa, ich solle mich nicht so anstellen. Ich ging immer in den Reitstall und weinte bei meinem Pferd.*«
- »*Wenn ich traurig war, kam meine Mutter mit Ratschlägen, statt dass sie mich in den Arm genommen hätte.*«
- »*Ich durfte nicht wütend sein und stampfen, und hörte immer: ›Das tut man nicht.‹*«
- »*Wenn ich schlechte Noten heimbrachte, sagte mein Vater meistens: ›Um Gottes willen‹ und war tief erschrocken. Getröstet hat er mich nie.*«

15 Vom Stress zur Entspannung

Ziel: Stressfallen entdecken, Entspannung suchen, professionell arbeiten

Immer und immer wieder ermahnt der Lehrer seine Schüler und Schülerinnen und bittet um Ruhe. Kein Erfolg; die Unruhe, der Lärm … nehmen zu. Plötzlich brüllt er: »Ihr Saubande, haltet endlich mal die Fresse!«

Im Gespräch sagt der Lehrer, dass er selbst über seine Beschimpfung erschrocken war: »Das wollte ich gar nicht, aber ich war so genervt. Ich konnte nicht anders.«

Der Schulleiter bittet seine Sekretärin, einen Text zu schreiben: »'S ist dringend und wichtig!« Als es ihm zu lange dauert, faucht er Sie an: »Sie haben heute aber ein Tempo drauf. Gegen Sie ist ja eine Schnecke ein Ferrari!« »Ich hatte es selbst so eilig und stand unter Stress«, entschuldigt er sich am anderen Tag.

In einer Schulkonferenz werfen Eltern der Schulleitung vor, sie würde für zu wenig Innovationen in der Schule sorgen. Daraufhin spaltet sich die Lehrerschaft in drei Teile: der eine schlägt sich auf die Seite der Schulleitung, der zweite auf die der Eltern und der dritte, kleinste Teil, versucht zu vermitteln. Vergebens. Die Konferenz wird abgebrochen und vertagt … Nach einer Beruhigungsphase und mittels eines Schlichters gelangen die Parteien zu einer Einigung.

Allgemeiner Tenor: Wir waren durch die gegenseitigen Vorwürfe alle ziemlich gestresst und standen unter Druck. Die »Auszeit« sowie die anschließende ruhige Art des Vermittlers taten uns allen gut, sodass wir dann doch noch zu befriedigenden Lösungen kamen.

Die Beispiele zeigen sehr plastisch und drastisch, wie verbales und körperliches »Ausrasten« von bestimmten Erfahrungen, Situationen und Befindlichkeiten abhängig ist. Die Erfahrung zeigt uns: Je mehr wir gestresst sind, desto größer ist die Wahrscheinlichkeit, dass uns ziemlich schnell »der Kragen platzt«; dass wir rascher »ausrasten«, zu Beschimpfungen neigen und handlungsunsicher werden. Gute Kommunikation gelingt umso besser, je weniger wir unter Zeitdruck stehen, je mehr wir Stresssituationen meiden und je mehr wir »bei uns sind« (statt *außer* uns!).

1 Notieren Sie Anlässe, Situationen, Ereignisse, Fälle, in denen Sie sich gestresst fühlten und dazu Ihre Reaktionen:

Situationen   *Reaktionen*

....

....

....

Vielleicht haben Sie u. a. notiert, was allgemein bekannt ist:

Erfahrungen	*Reaktionen*
nicht mehr ein noch aus wissen	verbal ausrasten
sich bedrängt fühlen	jemanden anschreien
ständig beleidigt werden	um sich schlagen
unter Druck stehen	beschimpfen
sich gestresst fühlen	ungerecht handeln
in Not sein	anderen die Schuld geben
bedroht werden	sich zurückziehen, flüchten
verzweifelt sein	sich ritzen
verletzt werden	den »Stinkefinger« zeigen
sich in die Enge getrieben fühlen	abhauen, davonlaufen
die Übersicht verlieren	jemanden zusammenschlagen
gedemütigt werden	Amok laufen
erniedrigt werden	sich und/oder andere töten

Stress (als Disstress, im Gegensatz zum Eustress) hat zwei belastende Komponenten, indem man
a) sich selbst seelisch und körperlich schädigt,
b) andere beschädigt.

Es geht nun darum, die Bedingungen zu ändern, um vom Stress zur Entspannung/ Entlastung zu kommen – damit die *Reaktionen* sozialverträglich bleiben.

Erster Schritt: die »Fallen« erkennen

> Stressfallen: Die berühmten 5 G
> Wir tun etwas Gerne und Gut.
> Wir sind Gefragt und Gefordert.
> Wir bekommen auch noch Geld.
> (Wer könnte/will da schon NEIN sagen!)

···> **Training** ··

2 Reflektieren Sie Ihr eigenes Verhalten unter dem Gesichtspunkt der »5 G«: Ich arbeite zu viel, ich überfordere mich ... Der Grund:

Gerne. Die »Falle«: ....
Gut. Die »Falle«: ....
Gefragt. Die »Falle«: ....
Gefordert. Die »Falle«: ....
Geld. Die »Falle«: ....

3 Notieren Sie zunächst für sich selbst, was Sie hindert, relativ stressfrei und entspannt zu sein: ....

....

·· **Training** <···

Zweiter Schritt: stressfrei und sozialverträglich agieren

Nun ist es aber nicht so, dass wir unseren älteren Hirnanteilen, unseren Emotionen, gänzlich ausgeliefert wären. Zu unserer »emotionalen Spontaneität« haben wir nämlich »Aufpasser und Kontrolleure« bekommen, die uns sozial kompetent machen: moralisches Bewusstsein, ethische Normen, Wissen um Gesetze und Vorschriften ... Sie wahrnehmen, mit unseren Gefühlen angemessen umgehen und sozialverträglich handeln ist lernbar.

···⫶ **Training** ···

4 Tauschen Sie nun in der Gruppe Ihre Erfahrungen aus und suchen Sie Lösungsvorschläge (= günstige Bedingungen, um stressfrei zu bleiben). Folgende Empfehlungen können Ihnen helfen, zu stimmigen Lösungen zu kommen (Zutreffendes bitte ankreuzen):

- ❏ innere »Stopp-Schilder« errichten
- ❏ Entspannungsübungen machen
- ❏ tief Luft holen und sich Zeit lassen
- ❏ eine Nacht darüberschlafen
- ❏ Stresssituationen (ver-)meiden
- ❏ Humor haben, humorvoll reagieren
- ❏ sinnvolle Vorbereitungen treffen
- ❏ planen und strukturieren
- ❏ überlegen, nachdenken
- ❏ unerwartet reagieren
- ❏ die Sicht wechseln
- ❏ Situationen »umdeuten«
- ❏ Reaktionsverhalten trainieren

5 Sie haben nun eigene Lösungsvorschläge gefunden und einiges aus den Empfehlungen angekreuzt – und somit einen »Katalog« erhalten, wie man zu Entspannung kommen und stressfrei arbeiten kann. Nun geht es an die praktische Umsetzung: Notieren Sie Ihre Umsetzungsvorhaben und dazu passende Handlungsbeschreibungen:

Vorhaben	*Ich/wir werden*
....	....
....	....

6 Reagieren Sie auf folgende Situationen gelassen (jedoch bestimmt und klar):

Die Situation	*Meine Reaktion*
Schüler blockieren den Gang, sodass Sie nicht durchkommen.	....
Mehrmaliges Handyklingeln während des Unterrichts	....
Aus Schulleitungssicht: Kollegen korrigieren während der Konferenzen Arbeiten	....
Elternabend: völlig unerwartet werden Sie mit Vorwürfen konfrontiert	....

·· **Training** ⫶···

16 »O, du liebe Zeit«

Ziel: Zeit haben, Zeit nehmen

Von Kindheit an bekannt:

- »*Komm, beeil dich! Ich kann nicht so lange warten.*«
- »*Auf, auf, die Zeit drängt.*«
- »*Komm, mach schnell, trödle nicht herum!*«
- »*Sag mal, bist du denn noch nicht fertig?*«
- »*Dauernd bist du die Letzte. Jetzt beeil dich mal!*«
- »*Sei nicht so langsam! Beweg deinen Hintern!*«
- »*Du Langweiler, du Kriechtier, du Schnecke!*«
- »*Bleib doch nicht immer stehen!*«
- »*Stiehl mir nicht die Zeit!*« usw.

Diese »Zeitdruckerfahrungen« prägen uns und wir schleppen sie bis in die Gegenwart mit uns herum.

Haben Sie auch andere Sätze gehört? Z. B.:

- »*O. k., ich habe Zeit.*«
- »*Nur keine Hektik.*«
- »*Du kannst dir ruhig (!) Zeit lassen.*«
- »*Ich kann warten.*«
- »*Ich habe jetzt Zeit für dich.*«
- »*Sag mir, wann du fertig bist.*«
- *… und Erfahrungen wie: Er blieb noch ein Weilchen sitzen. – Sie war nicht aus der Ruhe zu bringen. – Stundenlang konnte er einfach zusehen …*

····ᐤ Training ···

1   Meine Sätze aus der Kindheit:
a) Antreiber: _____
b) Zeitlasser: _____

·· Training ᐤ····

Gerade das Berufsfeld Schule hat, vor allem durch den Stundenplan, ein sehr enges Zeitkorsett. Da wir davon ausgehen können, dass es in einem Kollegium, in einer Klasse, in der ganzen Schule verschiedene »Zeittypen« gibt, sind Konflikte zum Thema »Zeit« vorprogrammiert: Die einen ärgern sich über die (ständige) Unpünktlichkeit der anderen, während diese wiederum sich über die »Pingeligkeit und fehlende Großzügigkeit« jener aufregen. Alle zusammen leben sie im Spannungsfeld der unterschiedlichen »Zeitstrukturtypen« und den damit verbundenen gegenseitigen Erwartungen.

···⫶ **Training** ···

2 Ich habe »Zeitkonflikte« mit
- mir selbst, weil ....
- Kolleginnen/Kollegen, weil ....
- Schülerinnen/Schülern, weil ....

Deshalb werde ich ... .

3 Notieren Sie Ihre eigenen Erfahrungen mit dem Thema ZEIT und reflektieren Sie sie:

Eigene Erfahrungen   *zufrieden/unzufrieden, weil ...*

....
....
....
....

··· **Training** ⫶···

Die Fülle der Vorhaben auf der einen Seite – und der Zeitmangel auf der anderen – bringen uns immer wieder in Bedrängnis. Wir haben häufig keine Zeit und lassen uns unter Druck setzen durch:
- die »inneren Antreiber«: »Auf, auf, mach doch! Du musst doch noch …«
- die Erwartungen anderer: »Bitte machen Sie das noch schnell fertig …«
- die eigenen Wünsche und Sehnsüchte: »Ich hätte dringend so gerne …«
- die Gewohnheiten: schlechtes Gewissen, wenn man mal »nichts« tut …
- Schmeicheleien anderer: »Das kannst nur du …«
- die persönlichen Wichtigkeiten: »Es geht nicht ohne mich!«

4 Bitte bedenken Sie diese genannten »Zeitdruckelemente« und differenzieren Sie: Mit Folgendem muss ich leben lernen: ....

....

Folgendes will ich verändern, indem ich ....

....

Es gibt drei Möglichkeiten, mit unserem Zeitkontingent umzugehen:
1. Wir lassen uns täuschen, indem wir der Meinung sind, uns stünden pro Tag mehr als 24 Stunden unserer Lebenszeit zur Verfügung.
2. Wir stopfen und pressen mehr in einen Tag hinein, als »eigentlich« möglich ist.
3. Wir verzichten auf die Täuschungen, lassen das Stopfen und Pressen und nehmen uns weniger vor.

> »Ich kann nur unter Zeitdruck produktiv sein«, sagte Herr S. »Zeitdruck lähmt mich«, meinte daraufhin Frau M.

5 Klärungsfragen
a) Welcher Zeittyp sind Sie? ....
b) Hätten Sie einen »Spitznamen« für sich selbst, um auszudrücken, welcher Zeittyp Sie sind (z. B. Dauerbummler, Superhektiker, Sitzenbleiber ...)?

....

6 Befragen Sie Ihre Kolleg/innen, Bekannten: Wie schätzen diese Sie hinsichtlich Ihres Zeitverhaltens ein? (Haben die auch einen »Spitznamen« für Sie?)

....

....

....

Der »gute« Umgang mit der Zeit kann angenehme Folgen haben: Weil ich Zeit habe, bleibe ich gelassen; fühle ich mich nicht gedrängt; stehe ich nicht unter »Starkstrom«; werde ich nicht ungeduldig …

Die Fülle der Informationen nimmt im digitalen Zeitalter und durch die Globalisierung zu. Es wird die Leistung der kommenden Generationen sein, aus der Fülle auszuwählen; Abschied zu nehmen vom Gedanken, über »alles« informiert sein zu müssen; Prioritäten setzen (müssen) und sich mit weniger begnügen, sonst wird uns die Fülle der Angebote überrollen.

Es ist allerdings realistisch, auch zu akzeptieren, dass wir

- unter Zeitdruck kommen/stehen
- nur relativ autonom sind
- Zwängen unterliegen
- nicht immer über unsere Zeit verfügen können
- Kompromisse eingehen müssen
- immer wieder auch in Engpässe geraten
- unsere Zeitpläne Realitäten anpassen müssen
- Zeit, die wir haben, auch hergeben müssen

Mit Hilfe des nachfolgenden »Entscheidungsquadrats« können Sie mehr Klarheit für Ihr Entscheidungshandeln gewinnen und die Gewichtung Ihrer Arbeit bestimmen:

Was ist wichtig?

Was ist dringend?   **Was ist nicht dringend?**

Was ist nicht wichtig?

···❖ Training ···

7 Besprechen Sie in der Gruppe dieses Entscheidungsquadrat einschließlich der Entscheidungshilfen hinsichtlich der Brauchbarkeit für Ihre schulische Arbeit.
Ergebnis: ....

8 Falls es für Sie zutrifft: Ich möchte mein Zeitverhalten ändern:

Vorteile   *Nachteile*

....

....

··· Training ❖···

17 Abgrenzungen

Ziel: in der Balance bleiben zwischen Offenheit und Abgrenzen

Nein-Sagen: Den einen fällt es schwer, den anderen macht es nichts aus; die einen haben Schuldgefühle dabei, die anderen sind erleichtert … Ja-Sagen ist uns vertrauter als Nein-Sagen, war ein Teil der Erziehung in unserer Kindheit und weitaus selbstverständlicher als »renitent sein zu dürfen«.

···✧ Training ···

1 Suchen Sie sich ein Gesprächsgegenüber und vereinbaren Sie mit ihm ein »Abgrenzungsthema«; z.B.: ins Kino gehen, nicht ins Kino gehen – Zeit haben, keine Zeit haben – reden wollen, nicht reden wollen … Sie bekommen nun vom Gegenüber »hartnäckige« Fragen, Bitten usw. und haben »nur« immer zu verneinen. Bitte kurze Ablehnungen und Begründungen; keine Rechtfertigungen; klare Abgrenzung, egal, was und auf welche Weise vom Gegenüber an Wünschen kommt.

2 Nach dem Gespräch die Beantwortung der Fragen:
- Wie erging es Ihnen? Welche Erfahrungen haben Sie gemacht?
- Was ist Ihnen schwergefallen?
- Wo sind Sie – aus welchem Grund – »umgekippt«?
- Wie haben Sie sich und Ihr Gegenüber erlebt?
- Was hat Sie an früher erinnert (brav, gehorsam, angepasst sein, trotzig, renitent, widerspenstig, eigensinnig sein, hartnäckig bleiben, gleich aufgeben, sich einfangen und »über den Tisch ziehen« lassen …)?

Dieser »Nein-Sage-Einstieg« führt weiter in die Problematik der generellen *Abgrenzung*, der *Auflösung* eventueller Symbiosen, die Menschen, die in Sozialberufen arbeiten, mitunter sehr schwer fallen:

·· Training ✧···

Lehrerin am Elternabend: »Sie können mich jederzeit anrufen, falls etwas sein sollte.« Im Gespräch mit mir beklagte sie sich dann, dass es sogar vorkomme, dass Eltern am Wochenende anrufen würden. »Ich weiß«, meinte sie, »da war ich wohl zu voreilig. Aber ich kann halt so schlecht nein sagen …«

Gut gemeint, aber professionell »einige Schritte zu weit gegangen«.

> **Wer dem, der fordert, keine Grenzen setzt, muss sich nicht wundern, wenn er von ihm überfordert wird.**

Um auf Distanz zu bleiben und sich nicht »auffressen« zu lassen von den Bedürfnissen, Wünschen, Sehnsüchten, Forderungen anderer, ist deshalb das sog. Dissoziieren im beruflichen Kontext besonders wichtig. Damit ist gemeint, dass das Handeln eines anderen Menschen zwar wahrgenommen wird, ohne, dass die eigenen Gefühle und Tätigkeiten durcheinander kommen oder von anderen »aufgesogen« werden. Vor allem in Sozialberufen – in denen es immer auch um Distanzwahrung geht – ist dieses Verhalten notwendig, um handlungsfähig zu bleiben. Aus einem gewissen Abstand heraus, und dennoch beteiligt, nimmt man das Gegenüber wahr und tritt mit ihm in Kontakt und Beziehung.

Beispiel einer Dissoziation

Während eines Lehrgangs schlug ich den Teilnehmenden eine Übung vor. Kaum Zustimmung seitens der Gruppe; manche ohne Interesse … Um Aufschluss über die Motivation der Teilnehmenden zu bekommen, zog ich mein Angebot zurück und forderte zu einer Feedbackrunde auf mit dem einleitenden Satz: »Mein Schweigen bedeutet …«. Die meisten Antworten lauteten: »Bin noch nicht ganz da; bin noch zu müde; hab gerade keine Lust …« Nur einige wenige wollten mitmachen. Mit diesen begann ich zu arbeiten und ließ es den anderen frei, zu tun und zu lassen, was sie wollten. In einer Stunde neues Plenum, neues Angebot … Ich spürte bei mir keinen Ärger, keine Enttäuschung und fühlte mich in der Lage, mit den Interessierten zu arbeiten. Ich akzeptiere die Gefühle und Einstellungen der Teilnehmenden und war selbst innerlich frei zu handeln.

···❖ **Training** ···

3 Notieren Sie Erinnerungen an Situationen und Folgen, in denen Sie sich nicht abgrenzten und nicht dissoziierten:

Situationen   *Folgen*

....

....

....

4   Ich konnte mich jeweils nicht abgrenzen (obwohl es notwendig gewesen wäre), weil ....

....

....

5   Besprechen Sie in der Gruppe Ihre Situationen/Folgen und finden Sie gemeinsam sozialverträgliche Abgrenzungsmaßnahmen:

Situationen/Folgen   *Abgrenzungsmaßnahmen*

....

....

....

·· **Training** ⋱⋯

In Sozial*berufen* sind Mit*leid* und (unbedingtes!) Helfenwollen die beiden größten
Fallen in der Beziehung zu Menschen, weil bei beiden autonomes Handeln gefährdet
ist. Deshalb gilt

> **mitfühlen, aber nicht mitleiden, helfen, aber nicht symbiotisch verschmelzen**

Wer mitfühlt, zeigt Einfühlungsvermögen, ist dem Mitmenschen nahe. Wer mitlei-
det, ist selbst involviert und beeinträchtig in seinen Handlungen: Ein Arzt, der durch
die schwere Krankheit eines Patienten selbst in Tränen ausbricht, wird kaum hilfreich
sein können. Eine Lehrerin, die ganz niedergeschlagen ist wegen der schlechten Leistungen eines Kindes/Jugendlichen, wird kaum in der Lage sein, ihm zu helfen. Somit
ist die Trennung von »mitfühlen – mitleiden« und die »professionelle Distanz« keine
Lieblosigkeit, sondern eine notwendige und letztlich förderliche Verhaltensweise in
der Arbeit mit Menschen.

⋰⋰ **Training** ···

6   Untersuchen Sie Ihr berufliches Handeln, um möglicherweise Mitleids- und Symbiose-
situationen zu entdecken:

Mitleid statt Mitgefühl   *Symbiose statt Hilfe*

....

....

....

7 Drücken Sie (in Rollenspielen in der Gruppe) Ihr Mitgefühl aus, ohne in Mitleid zu geraten:

Situationen   *Ausdruck des Mitgefühls*

....

....

8 Widersprüche, die schädigen können:

		trifft bei mir zu
a)	Ja sagen, aber eigentlich Nein meinen	❏
b)	sich ärgerlich fühlen, aber freundlich antworten	❏
c)	die Grenzüberschreitung spüren, sie aber verdrängen	❏
d)	äußerlich da sein, aber innerlich woanders sein	❏
e)	helfen, aber eigentlich überfordert sein	❏
f)	für andere da sein, aber selbst zu kurz kommen	❏
g)	zuhören, aber innerlich weghören	❏
h)	die Tür zumachen wollen, aber den Fuß dazwischen stellen	❏
i)	schweigen, aber eigentlich reden wollen	❏

Wer ständig Offenheit signalisiert – und eigentlich Grenzen will – muss sich nicht wundern, wenn sie von anderen überschritten werden.

9 Kreuzen Sie bei »Widersprüchen« an, was für Sie zutrifft.

10 Suchen Sie mit den anderen in der Gruppe nach Vorschlägen, wie Sie die Widersprüche in authentische Verhaltensweisen umwandeln können.

Nummer   *Ich werde ...*

....

....

....

....

.... **Training** ⁖⋯

18 Die Schule in der Schule lassen

Ziel: sich – zeitweise – von ihr verabschieden

Es gibt viele Lehrerinnen und Lehrer, die von der Schule abschalten können, ja, die sogar froh sind, sie tagtäglich hinter sich zu lassen. Es gibt aber auch viele, die kaum oder nur sehr schwer von der Schule abschalten können: sie bringen im Kopf schwierige Situationen und Fälle mit nach Hause, wälzen sie und sich im Bett, nehmen sie hinein in ihre Träume, werden sie nicht los beim Aufwachen …

Die Schule ist nicht alles, der Beruf nur ein Teil der Lebenszeit, wenn auch ein sehr bedeutsamer – und der Abstand/der temporäre Abschied von ihr notwendig, entlastend, gesundheitsförderlich.

Es gibt drei Hauptgründe mit jeweils mehreren Möglichkeiten, sich von der Schule nicht zu trennen oder sie nur schwerlich loslassen zu können:

····> **Training** ···

1 Kreuzen Sie an, welche Gründe für Sie infrage kommen:

Abhängigkeit: »Ich bleibe länger in der Schule wegen der Kolleginnen und Kollegen«:
a) »Ich brauche sie; ich habe sonst keine Ansprechpartner.« ❏
b) »Ohne sie fühle ich mich allein, im Stich gelassen.« ❏
c) »Das Lehrerzimmer ist fast mein Wohnzimmer.« ❏

Abhängigkeit: »Ich bleibe länger in der Schule wegen der Schülerinnen/Schüler«:
d) »Ich brauche ihre Zuwendung, ihr Interesse, ihre Bestätigung.« ❏
e) »Aber auch ihre ›Hilflosigkeit‹, um ihnen helfen zu können.« ❏
f) »Durch sie fühle ich mich vitaler und jünger.« ❏

Abhängigkeit: »Ich bleibe länger wegen der Arbeit«:
g) »Ich brauche das Gefühl, etwas zu leisten.« ❏
h) »Ich definiere mich stark über die Arbeit.« ❏
i) »Ich arbeite, also bin ich etwas wert.« ❏

Wunsch: »Ich bleibe länger in der Schule, weil ich …
j) meine Kolleginnen und Kollegen sehr schätze.« ❏
k) ein gutes Verhältnis zu ihnen habe.« ❏

l) statt allein, lieber mit ihnen arbeiten möchte.« ❏

m) gerne Kinder und Jugendliche unterrichte.« ❏

n) meine Arbeit in der Schule sinnvoll finde. ❏

Flucht: »Ich flüchte in die Schule, weil ich ...«

o) mich außerhalb der Schule leer und nutzlos vorkomme. ❏

p) mich in meiner Familie nicht wohlfühle. ❏

q) sonst nichts habe, was mich erfüllt. ❏

r) .... ❏

s) .... ❏

2 Ziehen Sie nun bitte Bilanz und entscheiden Sie, was Sie wie ändern wollen:

Änderung Nr.   *Vorhaben*

....

....

....

3 Besprechen Sie Ihre Vorhaben mit anderen in der Gruppe und suchen Sie gemeinsam nach realisierbaren Umsetzungen.

Vereinbarungen: ....

....

....

.... **Training** ⋯

In der Schule *bleiben* hat ...

Stärken/Vorteile	*Schwächen/Nachteile*
• Ich bin da, wenn man mich braucht.	Ich lasse mich ausnutzen.
• Auf mich kann man sich verlassen.	Ich kann mich nicht zurückziehen.
• Ich zeige Interesse/Anteilnahme.	Ich werde vereinnahmt.
• Ich bewirke etwas.	Ich überfordere mich.
• Ich	Ich ....
• Ich	Ich ....

Das Schöne am Loslassen: Man hat die Hände für andere(s) frei!

4 Abschieds-Übung »Schule ade!«

a) Sie brauchen Zeit und einen Ort, an dem Sie ungestört sind.

b) Denken Sie nun daran, welche Personen oder Situationen Sie noch aus der Schule innerlich »festhalten«/von ihnen festgehalten werden.

c) Wählen Sie daraus diejenige Person/Situation, die Sie am »hartnäckigsten« festhält.

d) Lassen Sie nun vor Ihrem geistigen Auge die Person/Situation ganz nahe an sich herankommen und betrachten Sie sie ausführlich. (Person: Aussehen, Gesichtsausdruck, Gestalt, Bewegung, Kleidung ..., Mitteilungen, Verhalten ...; Situation: Ereignis/Vorfall, Umfeld, Menschen und deren Verhaltensweisen und Handeln ...)

e) Lassen Sie nun ganz langsam die Person/Situation in die Ferne rücken: Die Person, die Geschehnisse werden immer kleiner, immer kleiner ... bis sie am (vorgestellten) Horizont verschwinden ... Sie blicken ins Leere.

f) Sollten Person/Situation wieder auftauchen, dann
- deuten Sie um: Was ist das Angenehme an der Person/Situation?
- überlegen Sie: Was ist die Botschaft/der Sinn des »beharrlichen Bleibens«?
- handeln Sie: Was können Sie anderes tun? (= das Beharrliche »links liegen lassen«!)
- beachten und bewerten Sie folgenden Kreislauf:

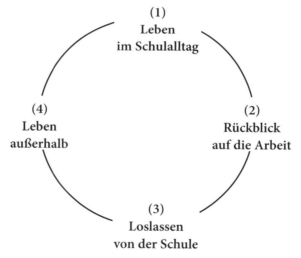

(1)
Leben
im Schulalltag

(4)
Leben
außerhalb

(2)
Rückblick
auf die Arbeit

(3)
Loslassen
von der Schule

5 Überprüfen Sie, ob diese vier Bereiche in einem für Sie stimmigen Verhältnis sind und ob Sie sich insgesamt wohlfühlen. Falls nicht: Welcher Bereich ist noch »verbesserungsfähig« – und auf welche Weise?

⋯⋯

⋯⋯

⋯⋯⋯⋯⋯⋯⋯⋯⋯⋯⋯⋯⋯⋯⋯⋯⋯⋯⋯⋯⋯⋯⋯⋯⋯⋯⋯⋯⋯ **Training** ⋮⋗⋯

Es gibt Menschen, die sich dort zuhause fühlen, wo sie gerade sind, und für die Abschied kein Thema ist. Anderen wiederum fällt dies extrem schwer. In den einen steckt das Weiterwandern, in den anderen das Bleiben. Warum ist das so?

Wie schon öfters sind die Wurzeln auch hier in den Lebensgeschichten von Menschen zu finden.

Frau M. musste, durch den Beruf des Vaters, des Öfteren umziehen. Abschied von den verschiedenen Orten, von den Freundinnen und Freunden, von den einzelnen Schulen, von der gewohnten Umgebung war für sie Normalität. Sie gewöhnte sich daran und war in der Lage, an den neuen Orten immer wieder Fuß zu fassen und sich heimisch zu fühlen. Das ging dann sogar so weit, dass sie es jeweils nur einige Jahre aushielt, am selben Ort zu bleiben.

Herr T. hatte eine ähnliche Biographie wie Frau M. Er allerdings gewöhnte sich nie an die häufigen Orts- und Beziehungswechsel. Immer wieder mal erwähnte er, dass er nun schon 28 Jahre an derselben Schule sei.

Es gibt kein »wenn …, dann …« in den Lebensgeschichten von Menschen, keine Linearität, keine stringente Kausalität – wie diese beiden Beispiele deutlich zeigen. Es liegt an den einzelnen in ihren Kontexten und Umwelten, wie sie die jeweiligen Situationen erleben und was sie daraus machen. Den einen gelingen Anpassung und Veränderung, den anderen sind sie ein Gräuel.

> **Konservativ sein ist mir genug Veränderung, sagte Herr K.**
> **Veränderung ist meine einzige Konstante, meinte Frau S.**

····❖ **Training** ··

6 Reflektieren Sie bitte diese Informationen. Möglicherweise finden Sie auch Ähnlichkeiten in den beiden Biografieschilderungen – oder ganz andere, die Hinweise darauf geben, warum Ihnen Abschiede leicht- oder schwerfallen. Oder sind Sie jemand, der beim Bleiben ans Weggehen denkt und beim Weggehen ans Bleiben?

Ergebnisse meines Nachdenkens: ....

....

....

....

·· **Training** ❖····

19 Autonom sein

Ziel: Abhängigkeiten erkennen, sich von ihnen mental und/oder real befreien

Wovon Lehrerinnen und Lehrer – nach ihren eigenen Aussagen – abhängig sein können, sowohl emotional als auch in ihren Handlungen:

- *von der Schulverwaltung*: durch Vorschriften, Lehr-/Bildungspläne, Direktiven, Anweisungen, autoritäre Verhaltensweisen, Bewertungen und Beurteilungen
- *von den Behörden in den Gemeinden*: durch Beschlüsse, Finanzierungsengpässe, politische Entscheidungen, Parteienkontroversen, Interessenskonflikte einzelner Institutionen
- *von der Schulleitung*: durch autoritären Führungsstil, Beurteilungen, mangelnde Transparenz, subjektive Vorlieben, persönliche Animositäten, Beliebigkeiten, Stimmungen, Unberechenbarkeiten, eigene Abhängigkeiten von anderen Instanzen
- *von Kolleginnen/Kollegen*: durch ihre Mitarbeit, Art der Kommunikation, Einschätzungen und Bewertungen
- *von den Schülerinnen/Schülern*: durch abwertende bis aggressive Verhaltensweisen, Lernverweigerungen, Unberechenbarkeiten und Stimmungen, persönliche Entwicklungen, schwierige Lebensgeschichten und familiäre Belastungen
- *von den Eltern*: durch unrealistische Forderungen, überzogene Erwartungen, Drohungen, sozialunverträgliche Verhaltensweisen, die Art der Zuwendung, persönliche Wünsche, familiäre Situationen, persönliche Beurteilungen
- *von eigenen inneren »Antreibern«*: durch überzogene Maßstäbe, Bewertungen, Wertvorstellungen, Glaubenssätze des Sollens und Müssens, Karrierevorstellungen, Stimmungen, Leistungsansprüche, selbstgewählte Überforderungen

... und da sollte selbstständige, freie und qualitative Berufsausübung möglich sein?

····> **Training** ···

1 Notieren Sie bitte:

Auf mich trifft zu   *Ergänzend kommt hinzu*

....

....

....

Meine Stimmung, nachdem ich das jetzt geschrieben habe:

....

Folgen der Abhängigkeit: physische und psychische Belastungen, psychosomatische Krankheiten, inneres Hin- und Hergerissensein zwischen eigenen Bedürfnissen und Gehorsamsbezeigungen, Aggressionen und Depressionen, Ängste, Widerwillen, Lustlosigkeit, Fixierung auf …, eingeschränkte Wahrnehmungen, unprofessionelles Arbeiten, Verhaltensweisen wie ungerecht, launisch, mürrisch, abweisend … sein, Labilität u.a.m.

2 Notieren Sie Folgen, die SIE wahrnehmen:

Folgen, die ich selbst spüre	*Folgen, die ich bei anderen wahrnehme*
....	....
....	....
....	....

3 Deshalb werde ich voraussichtlich (= erste »Autonomieschritte«):

....

....

.... **Training** ⁝⁞⁞

Aussagen zur Abhängigkeit

Frau T.: »Ja, ich bin abhängig von den Stimmungen meines Chefs. Ist er freundlich zu mir, dann geht es mir gut; übersieht er mich oder gibt er mir Anweisungen, die ich nicht verstehe, dann geht es mir schlecht. Manchmal erwische ich mich, dass ich um seine Zuwendung buhle – und dann schäme ich mich. Ich schaffe es nicht, mich unabhängig zu machen.«

Und im Nachsatz: *»Ich weiß …, wie damals als kleines Kind bei meinem Vater …«*

Herr F.: »Es macht mir schon was aus, wenn ich mitbekomme, dass und wie die Eltern über mich im Ort reden … Am meisten ärgert mich, dass ich von ihrem Wohlwollen abhängig bin … und hilflos, mich sogar ausgeliefert fühle, weil ich nichts tun kann, wenn sie über mich reden …«

Und im Nachsatz die Frage: *»Soll ich auf einem der nächsten Elternabende mal mit ihnen darüber reden?«*

Frau P.: »Während der Heimfahrt im Auto denke ich vor allem an die Schüler, mit denen ich nicht zurechtkam. Ich merke ganz deutlich, dass ich von ihrem Verhalten abhängig bin: Sind sie gut drauf, dann bin ich erleichtert; haben sie ein schlechten Tag, dann denke ich entweder, was habe ich falsch gemacht oder ich bin frustriert, weil sie sich verweigern.«

Und im Nachsatz: »An die, die mitgemacht haben, denke ich kaum …«

Herr N.: »Es kommt oft vor, dass einige meiner Schüler und Schülerinnen keine Lust haben, im Unterricht mitzuarbeiten. Ich versuche dann alles, um sie zu motivieren. Meist vergeblich. Ich ärgere mich, dass es mir nicht gelingt, dass sie mitmachen … Bin ich jetzt schon so weit, dass ich von ihnen abhängig bin?«

Und im Nachsatz die Frage: *»Warum kann ich nicht in Ruhe mit denen arbeiten, die Interesse zeigen?«*

····⟩ **Training** ···

4 Notieren Sie eigene Erfahrungen der Abhängigkeit im Schulalltag … und Ihre Erkenntnisse und Schlussfolgerungen:

Erfahrungen   *Erkenntnisse*

....
....
....

5 Tauschen Sie in der Gruppe Ihre Erfahrungen aus mit dem Ziel, gemeinsam »Lösungen der Unabhängigkeit« zu finden:

....
....

6 Führen Sie vier Rollenspiele in der Gruppe durch: Vier von Ihnen beraten je eine Person mit dem Ziel, ebenfalls »Lösungen der Unabhängigkeit« zu finden:

Frau T.: ....
Herrn F.: ....
Frau P.: ....
Herrn N.: ....

Mein Fazit aus diesen Gesprächen: ....
....
....
.... **Training** ⁜···

Autonomie ist grundsätzlich relativ, da wir persönlich abhängig sind von unseren eigenen physischen und psychischen Bedingtheiten, der Umwelt, in der wir leben, den Vernetzungen, in die wir involviert sind und dem Eingebundensein in zwischenmenschliche Beziehungen. Deshalb kann es »nur« darum gehen, Abhängigkeiten, die nicht zu verändern sind, zu erkennen, zu akzeptieren und die veränderbaren zu minimieren bzw. sich von ihnen zu lösen:

Vier Empfehlungen

1. *sich anpassen* auf Grund von Selbstentscheidungen: sich vom Gehorsam verabschieden, Realitäten akzeptieren, begehbare Wege beschreiten, »Widerstand« aufgeben (ohne Larmoyanz und Wehklagen), sich fügen auf Grund von Erwägung und Einsicht
2. *autonom handeln*, geleitet durch folgende Frage (nach R. Cohn): »Was mache ich mit *mir*, wenn die Personen, die Dinge, die Situationen und die Umstände nicht so sind, wie ich sie haben möchte?«
3. *inneren Frieden finden*: akzeptieren, dass Menschen unterschiedlich sind und unterschiedliche Erfahrungen und Ansichten haben; dass es Vielwirklichkeiten in verschiedenen Kulturen gibt und eine Fülle von Möglichkeiten, die Welt zu sehen und zu gestalten
4. *im Reinen mit sich selbst sein*: die eigene Lebensgeschichte, die eigenen Möglichkeiten und Begabungen, Wege und Umwege, Irritationen, Schicksale und Grenzen annehmen – ohne Wünsche, Sehnsüchte, Hoffnungen und Zuversicht aufzugeben.

> Autonomie: eine dynamische Balance und Akzeptanz erreichen zwischen eigenen Bedürfnissen, Ansprüchen anderer und unabänderlichen Gegebenheiten.

20 Selbstliebe

> Ziel: sie sich zugestehen und sie vom Egoismus unterscheiden

»Ein Esel nennt sich selbst zuerst.« – »Beginne nie einen Brief mit ›Ich …‹« – »Nimm dich zurück …« – Sei nicht so egoistisch! Denk an die anderen!« – »Sei nicht so eigensinnig!«

Solche und ähnliche Sätze kenne ich aus meiner Kindheit. Und vom Satz in der Bibel »Liebe deinen Nächsten *wie dich selbst*« wurde nur der erste Teil akzeptiert und der zweite verschwiegen. Dahinter stand die Angst der Erziehenden, dass durch zu viel ICH aus den Kindern Egoisten werden könnten. Nicht gesehen und in Erwägung gezogen wurde, dass die Liebe zum Nächsten die Liebe zu sich selbst vorausetzt.

···⫶ **Training** ··

1 Kennen Sie ähnliche Sätze? Ja, nämlich: ....
....

2 Meine Erfahrungen zum Thema Selbstliebe: ....
....

·· **Training** ⫶···

Es geht um die Liebe als Haltung, als gelebte Hin- und Zuwendung zum eigenen Ich und zu anderen. Vorschnell wird auf das DU geachtet, das ICH wird vernachlässigt oder sogar übersehen. Und mit dem eigenen Selbst wird oft lieblos (»ohne Liebe«) umgegangen, was sich in Sätzen, die Menschen sogar *zu sich selbst sagen*, zeigt:

Lass dich nicht so hängen; streng dich an; sei nicht so empfindlich; reiß dich zusammen; jammern schickt sich nicht; nur nicht aufgeben; ich schaff das auch ohne Hilfe; stell dich nicht so an; das wird jetzt durchgezogen; Weichei, Feigling …

Wirklich liebende Menschen sind nicht selbstlos (= ohne Selbst). Nur wenn ihr eigenes Herz schlägt, kann es auch für andere schlagen. Zu wenig ICH verhindert die Entwicklung der eigenen Persönlichkeit und förderliche Beziehungen zu anderen; zu viel Ich allerdings schadet ebenso.

> Ohne ein starkes ICH, ohne eine gesunde Selbstliebe gibt es keine stabilen Beziehungen zum DU.

Wer sich selbst liebt, ohne egozentrische Attitüden, geht achtsam mit sich selbst um, beachtet eigene seelische und körperliche Bedürfnisse, lebt gesund und nimmt sich persönlich ernst:

> Sich selbst lieben ist die beste Voraussetzung, andere zu lieben.

⋯⋮ Training ⋯⋯⋯⋯⋯⋯⋯⋯⋯⋯⋯⋯⋯⋯⋯⋯⋯⋯⋯⋯⋯⋯⋯⋯⋯⋯⋯⋯⋯⋯⋯⋯

3 Blick in Ihre Lebensgeschichte: Konnten Sie Ihr ICH entwickeln oder wurde es zu sehr durch Erziehungsmaßnahmen eingeschränkt und durch überzogene Nächstenliebe negativ beeinflusst?

....

....

....

4 Blick in die Jetztzeit: Wie steht es um Ihre Selbstliebe heute?

Wahrnehmungen	trifft zu					trifft nicht zu
ICH ...	6	5	4	3	2	1
mag mich.	☐	☐	☐	☐	☐	☐
klopfe mir manchmal auf die Schulter.	☐	☐	☐	☐	☐	☐
achte auf mich.	☐	☐	☐	☐	☐	☐
vertrage »Lob«.	☐	☐	☐	☐	☐	☐
kann Nein sagen.	☐	☐	☐	☐	☐	☐
ziehe Grenzen anderen gegenüber.	☐	☐	☐	☐	☐	☐
akzeptiere mich, wie ich bin.	☐	☐	☐	☐	☐	☐
bin offen für Veränderungen.	☐	☐	☐	☐	☐	☐
lebe gesund.	☐	☐	☐	☐	☐	☐
vertraue mir selbst.	☐	☐	☐	☐	☐	☐
gerate selten in Stress.	☐	☐	☐	☐	☐	☐
nehme mir Zeit für mich.	☐	☐	☐	☐	☐	☐
nehme meine Gefühle wahr.	☐	☐	☐	☐	☐	☐

Wahrnehmungen	trifft zu			trifft nicht zu		
ICH ...	6	5	4	3	2	1
»höre« auf mich.	☐	☐	☐	☐	☐	☐
»verzeihe« mir Fehler.	☐	☐	☐	☐	☐	☐
komme gut mit mir aus.	☐	☐	☐	☐	☐	☐
bin mit mir im Reinen.	☐	☐	☐	☐	☐	☐

5 Je mehr Ihre Ankreuzungen nach links tendieren, umso deutlicher wird, dass Sie sich selbst lieben und gut zu sich sind.

6 Geben Sie diesen Selbsttest Ihren Kolleginnen/Kollegen in der Gruppe und sprechen Sie gemeinsam über Ihre Erfahrungen.

Schlussfolgerungen: ....
....
....

.... **Training** ❖···

Wenn ich in Kursen und Fortbildungsveranstaltungen Lehrerinnen/Lehrer nach ihren Einschätzungen über sich selbst befrage, so bekomme ich überwiegend zunächst eher negative Antworten wie:

Ich frage mich zu allererst, was ich falsch gemacht habe.
Ich kann Lob nur schwer annehmen, suche dahinter gleich den »Pferdefuß«.
Ich bin mir gegenüber skeptischer eingestellt als anderen gegenüber.

(Die positiven tauchen jeweils erst – und nach langem Nachdenken – allmählich auf.)

> **Ich bin von Lob unendlich belastbar. (Ein Politiker)**

Als junger Lehrer sagte ich – nach etwa vier Wochen neu an der Schule – zu meinem Schulleiter, dass ich mich sehr wohlfühle und gerne in dieser Schule bin. Darauf unmittelbar seine Frage: »Wieso? Wollen Sie eine Freistunde?«

Meine Anerkennung akustisch gehört, »da steckt doch was dahinter« fantasiert (wohl auf Grund seiner Erfahrungen?!).

Training ....

7 *Mir persönlich tut gut, wenn ich ...*
- mich ab und zu zurückziehe
- mich wieder häufiger meinem Hobby widme

Schädlich ist für mich, wenn ich ...
- zu wenig Sport treibe
- mehr als ... Stunden pro Woche arbeite

....
....
....

8 Liebesbezeigungen an mich selbst: Ich werde ...
- mich wieder mehr meinen Hobbys widmen
- wieder öfter Sport treiben,
- weniger/nicht mehr rauchen
- mich mehr meiner Familie/meinen Freunden widmen
- während der großen Ferien _____ Wochen den PC unberührt lassen
- nach 20 Uhr nicht mehr zum Handy greifen
- endlich was tun, was ich schon laaaaange nicht mehr getan habe, nämlich

....

Oder: ....

....

....

> »Um Liebe bettle ich nicht«, sagte eine Frau (und bezog sich auf die Beziehung zu ihrem Mann).

9 Aber vielleicht so: Ich werde zwar nicht um Liebe betteln, aber anderen sagen, was mir gut tut und was ich von ihnen möchte, nämlich

....
....
....

.... **Training**

Meine Frau hat die wunderbare Gabe, unsere Wohnung ab und zu, der entsprechenden Jahreszeit gemäß, zu schmücken. Wenn ich nach Hause komme, nehme ich diese Veränderungen nicht immer wahr. SIE nimmt mich dann bei der Hand, führt mich in das/die Zimmer und sagt: »Schau, was ich gemacht habe!« und strahlt mich dabei an – und ich strahle dankbar zurück ...

Übergang:
Auf die Haltung kommt es an

Um das Jahr 1820 summierte der Lehrer Johann Jakob Häberle aus Oberschwaben, nachdem er 51 Jahre lang Lehrer gewesen war, seine Erziehungsmaßnahmen, und kam zu folgendem Ergebnis: sieben Stockschläge, 124 010 Rutenhiebe, 136 715 Handschmisse, 115 800 Kopfnüsse, 10 989 Linealklapse, 12 763 Schläge mit der Bibel, 10235 Maulschellen, 7905 Ohrfeigen, 3001 Sack tragen, 777 auf Erbsen knien, 612 auf Holzscheiten knien. Alle zwei Jahre brauchte er eine neue Bibel – ca. alle drei Minuten erfolgte eine Züchtigung.

Was war es, was ihn dazu trieb, so mit seinen Schülerinnen und Schülern umzugehen? War es die Weitergabe seiner Züchtigungen, die er selbst erhalten hatte? War es die Überzeugung, Züchtigungen seien pädagogisch richtig? War es, offen oder insgeheim, der »Wille zur Macht«? – oder dahinter die Angst vor Autoritätsverlust? Was ihn betrifft, so wissen wir es nicht.

Aber auch knapp 200 Jahre später gibt es deutliche Anzeichen ähnlicher Erziehungspraktiken, wenn auch nicht körperlich, so doch seelisch:

Oberstudienrat O: Keine Frage, als Fachmann für Deutsch und Englisch ist er Experte. Als Lehrer ist er gefürchtet – und seinen ironischen und abfälligen Bemerkungen, seinen Bloßstellungen ist niemand gewachsen. Interventionen seitens der Schulleitung, der Eltern und der Schulbehörde nutzen nichts. Noch immer kann er sich in der Schule halten.

Wie lange noch? Und wie geht es den Bloßgestellten? Noch dazu, wenn sie Äußerungen von ihm und anderen zu hören bekommen wie:

»Du bist aber schwer von Begriff.« – »Du fauler Sack, Du Blödmann.« – »Du bist ein kleiner, dreckiger, dummer Junge.« – »Du wirst es nie zu etwas bringen.« – »Wenn ich Dich sehe, fürchte ich um meine Pension.« – »Wenn ihr zu blöd seid, dann wechselt doch die Schule.« – »Eure Arbeiten könnt ihr in der Mülltonne wieder finden.« – »Du bist ja nur ein Mädchen.«

Welche Haltungen und Einstellungen stehen hinter diesen Verhaltensweisen? Und welche hinter den beiden folgenden?

Letzter Nachmittag im Psychologiekurs. Die 14 jungen Frauen und Männer, der Psychologielehrer, sie alle sitzen mit gemischten Gefühlen im Stuhlkreis: Sie freuen sich über das

Erreichte, einigen ist jedoch auch zum Heulen wegen des Abschieds nach zwei Jahren gemeinsamer Arbeit. Am Ende der letzten Sitzung steht die Kurssprecherin auf, überreicht dem Lehrer einen Blumenstrauß und umarmt ihn: »Der ist von uns allen«, sagt sie. »Das, was Sie uns über Psychologie beigebracht haben, haben Sie uns auch immer vorgelebt. Danke!« Ein bisschen rot wird jetzt sogar der Psychologielehrer, und gerührt über die unerwartete Geste ist er auch.

Ein Lehrer, der das lebt, was er lehrt.

An einem der letzten Schultage sitzt ein Teil der Dreizehner in der Cafeteria. Sie haben ihren Direktor eingeladen. Feierlich wird es, als der Kurssprecher aufsteht und eine kleine Rede hält, die er mit dem Satz beendet: »Sie haben uns immer alle ernst genommen. Das fanden wir ganz toll.« Nach einigen Dankesworten erzählt der Schulleiter eine Begebenheit aus seiner eigenen Schulzeit: »Als Schulsprecher hatte ich einmal einen Konflikt mit dem Direktor. Ich vertrat die Schülerschaft und widersprach ihm in einigen Punkten. Da schrie er mich an: ›Und Du wagst es, mir, dem Direktor, die Stirn zu bieten!‹ Seit dieser Zeit hab ich mir geschworen, meine Schülerinnen und Schüler sollten mir immer die Stirn bieten dürfen, als Ausdruck der Gleichwertigkeit und Wertschätzung, face to face. Ich bin glücklich, dass mir das bei euch gelungen ist!«

Ein Lehrer, sogar Direktor der Schule, jenseits hierarchischen Denkens und Handelns, voller Wertschätzung für seine Schülerinnen und Schüler.

Im Umgang der Menschen in der Schule gibt es ein breites Spektrum von Haltungen und Verhaltensweisen: von Achtsamkeit, Wertschätzung, gegenseitigem Respekt und Rücksichtnahme bis hin zu abwertenden Verhaltensweisen und respektlosen, abfälligen Äußerungen. Die einen sind der Nährboden für gute Beziehungen, die anderen verletzen sie mit hohen Störungs- und Zerstörungsanteilen. Wobei es oft der Fall ist, dass gerade die »Zerstörer« selbst wiederum, auf dem Hintergrund ihrer eigenen Lebensgeschichte, Ge- bis Zerstörte sind, was kein Alibi für ihr Verhalten sein darf, aber im Prozess der (notwendigen) Verhaltensänderungen zu berücksichtigen ist.

> Über der Eingangstüre einer Schule steht der Satz:
> Wir gehen respektvoll miteinander um.

Das ist der einzige Satz, der auf Verhaltensregeln hinweist und (nach Aussagen der Schulleitung) genügt er und ist wirksam, weil er den Einzelnen die Möglichkeit gibt, in den jeweils unterschiedlichen Situationen und Konstellationen adäquat zu agieren und zu reagieren. Nicht das Regelwerk ist der Maßstab, sondern die menschlichen Haltung auf dem Boden von Einfühlung und Rücksichtnahme.

Jan, ein kräftiger Junge aus der 9. Klasse, haut mit seiner Pranke Charly, einem Mitschüler, auf die Schulter, mit der freundlichen Bemerkung »Hey, wie geht's?« Der wiederum zuckt mit Schmerz verzerrtem Gesicht zusammen, was Jan sofort bemerkt und entschuldigend sagt: »O, das wollte ich gar nicht.« In Zukunft ließ Jan die Pranke weg – und die beiden begrüßten sich mit freundlichen Worten und Hände schütteln.

Nicht die Regel gab zukünftig den Ton an, sondern Einfühlsamkeit und Rücksichtnahme.

In einem Interview wurde ich u. a. gefragt: »Würden Sie heute noch einmal den Lehrberuf wählen?« Meine Antwort: »O ja, unter folgenden Bedingungen: Ich bekomme eine zeitgemäße Ausbildung in einer ausgewogenen Mischung von Theorie und Praxis. Ich kann an einer Gemeinschafts-Ganztages-Schule arbeiten. In den Klassen sind nicht mehr als 20 Lernende und ich muss keine Noten geben. Ich muss meine Schüler und Schülerinnen nicht mehr motivieren und für sie keine Ziele mehr haben. Ich schaffe jedoch günstige Bedingungen, damit sie sich selbst motivieren und ihre eigenen Ziele erreichen können.

Ich erwähne diese Passage deswegen, weil sie zeigt, dass wertschätzende Haltung günstige Bedingungen für die Umsetzung entsprechender Verhaltensweisen braucht. Im kranken Schulsystem und unter Stressbedingungen sind schwerlich Respekt, Menschenfreundlichkeit und Wertschätzung zu (er-)leben.

Wege zu mir

Machen Sie einen »Spaziergang nach innen mit sich selbst« und führen Sie Dialoge mit anderen zum Thema: Ich/Wir und unsere Haltungen, Einstellungen und Verhaltensweisen im Raum Schule …

Teil II: Ich und du und wir

Was ist gemeint, wenn von »Ich und du und wir«, von zwischenmenschlichen Beziehungen die Rede ist?

Sie sind zunächst weder gut noch schlecht, bekommen jedoch durch die Absichten, Motive der einzelnen und durch die Verhaltensweisen und Interaktionen der Menschen untereinander ihre Bedeutung, ihren »Charakter«, ihre Bewertungen. Auf Grund bestimmter Umstände, Konstellationen und Funktionen sind Beziehungen verschieden, z. B. zwischen Eltern und Kindern, zwischen Lehrern/Lehrerinnen und Schülern/Schülerinnen, Ärzten/Ärztinnen und Patienten/Patientinnen, Vorgesetzten und Untergebenen, zwischen Liebenden, zwischen Vertragspartnern/Vertragspartnerinnen, sogar zwischen Tätern/Täterinnen und Opfern.

Beziehungen entstehen, wenn über die Kontakte, Begegnungen, Interaktionen und Kooperationen hinaus sich emotionale Berührungen ergeben, d.h. wenn die Begegnungen einen »nicht kalt lassen«, wenn sie »zu Herzen« oder »unter die Haut gehen«. Dies kann sowohl unangenehm und/oder belastend sein, wenn Wut, Ärger, Frustrationen, Enttäuschung und Verletzungen entstehen, oder als angenehm und wohltuend empfunden werden, wenn Zufriedenheit, Freude, Lust, Dankbarkeit »ins Spiel kommen«. Wichtig dabei sind eine »innere Verbundenheit«, bedeutsame gemeinsame Erfahrungen und ein Zusammengehörigkeitsgefühl, das über punktuelle Erlebnisse hinausgeht.

Beziehungen sind real erfahrbar, werden beidseitig oder einseitig erlebt. Sie entstehen aber auch in den Fantasien der Menschen, wie z. B. Fan-Idol-Beziehungen, die unerwiderte Liebe zu einem Menschen (u. a. Stalkerphänomene). Es gibt sie zu Künstlern (Schriftsteller, Maler, Musiker) – und es gibt sie, als geistige Verbindung, zu realen oder fantasierten Menschen, zu Personen, an die man glaubt (wie z. B. Heilige) oder gedachte Wesen (wie z. B. Engel), oder als Liebesbeziehung zu Gott.

Wie auch immer: Wir Menschen sind als Einzelwesen immer auch sozial geprägt, gepolt, untereinander vernetzt, verbunden. Für ihre Entwicklung und für ihr Wachstum sind zwischenmenschliche Beziehungen sogar notwendig:

> »Es braucht mindestens zwei, damit einer sich erkennt.« (G. Bateson)

21 Vom Ich zum Du

> Ziel: mit sich und anderen selbstbewusst und einfühlsam umgehen

In seinem Buch »Grundformen der Angst« beschreibt F. Riemann vier Grundängste von Menschen. Zwei davon handeln von der Angst vor zu viel und vor zu wenig Nähe und Bindung, was volkstümlich und leger ausdrückt heißt: entweder Einzelgänger, Eigenbrötler zu sein oder als »Betriebsnudel«, »Hans Dampf in allen Gassen« zu agieren. In Klassen und Kollegien gibt es ebenso beide Grundängste, mit allen möglichen Zwischenformen. Die einen werden vertrauens*voll* sofort »Freunde«, während die anderen lange brauchen, bis sie Menschen gegenüber auftauen und *Ver*trauen entwickeln.

So einfach scheint das also nicht zu sein, wenn das ICH auf das DU trifft.

⋯⋗ Training ⋯⋯⋯⋯⋯⋯⋯⋯⋯⋯⋯⋯⋯⋯⋯⋯⋯⋯⋯⋯⋯⋯⋯⋯⋯⋯⋯⋯

1 Rückblick in die und Beispiele aus der eigenen Lebensgeschichte:
»Ich war eher ein ...«

Nähemensch   *Distanzmensch*

....

....

....

Heute bin ich ein Mensch, der ....

....

⋯⋯⋯⋯⋯⋯⋯⋯⋯⋯⋯⋯⋯⋯⋯⋯⋯⋯⋯⋯⋯⋯⋯⋯⋯⋯⋯⋯ Training ⋖⋯

Tobias ist gerne alleine, wenigstens die meiste Zeit, auch dann, wenn die anderen in Gruppen häufig miteinander arbeiten. Er ist mit sich und seinen Mitschülerinnen und Mitschülern zufrieden. Was ihn stört, ist, dass die Lehrerin ihn nicht in RUHE lässt und dauernd zu ihm sagt, er solle doch auch mit den anderen arbeiten. Je mehr sie ihn dazu nötigt, desto mehr zieht er sich zurück. Eines Tages sieht ein Lehrer, wie er sich heimlich aus dem Klassenzimmer stiehlt und dem Ausgang zustrebt. Auf die Frage, wohin

der denn wolle, sagt Tobias bereitwillig: »Die Lehrerin lässt mich nicht allein sein. Und lernen kann ich auch nicht, weil es mir da drinnen zu laut ist.« Und schon ist er weg …
Verdutzt und sehr nachdenklich bleibt der Lehrer zurück.

Tobias gehört zu denen, die gerne für sich sind und Zeit brauchen, bis sie auf andere zugehen und mit ihnen kooperieren können. Ganz anders:

Sandra, die in der Klasse immer Mittelpunkt ist. Sie hat Spielideen, kümmert sich um andere, hilft manchen beim Lernen, beliebt bei Mitschülern/Mitschülerinnen und Lehrern/Lehrerinnen.

Sandra gehört zu denen, die gerne mit anderen zusammmen ist und sofort Kontakt findet.

···⦂ **Training** ···

2 Klären Sie bitte für sich, ob Sie als Lehrerin/Lehrer tendenziell, was Ihre Kontaktfreudigkeit betrifft, eher

Tobias …	1	2	3	4	5	6	7	8	*oder Sandra sind*
scheu	❑	❑	❑	❑	❑	❑	❑	❑	zugänglich
abwartend	❑	❑	❑	❑	❑	❑	❑	❑	vorpreschend
zurückhaltend	❑	❑	❑	❑	❑	❑	❑	❑	initiativ
beobachtend	❑	❑	❑	❑	❑	❑	❑	❑	mitmischend
einsilbig	❑	❑	❑	❑	❑	❑	❑	❑	wortreich
sachlich	❑	❑	❑	❑	❑	❑	❑	❑	emotional
skeptisch	❑	❑	❑	❑	❑	❑	❑	❑	unvoreingenommen
passiv	❑	❑	❑	❑	❑	❑	❑	❑	aktiv
misstrauisch	❑	❑	❑	❑	❑	❑	❑	❑	vertrauensvoll
distanziert	❑	❑	❑	❑	❑	❑	❑	❑	impulsiv

Verbinden Sie nun Ihre Ankreuzungen, sodass sie eine Linie ergibt. Je mehr diese nach rechts tendiert, desto stärker sind Ihre »Beziehungsanteile« in Ihrer Persönlichkeit.

3 Entdecken Sie Unterschiede zwischen Ihren Verhaltensweisen im schulischen und privaten Bereich? Falls ja, weil ....
....

4 Sprechen Sie in der Gruppe über Ihre persönlichen Einschätzungen, und ggf. über Unterschiede zwischen Eigen- und Fremdwahrnehmung (= Siehst du mich auch so?).
Ergebnisse:

....

....

5 Ziehen Sie, alleine und gemeinsam in der Gruppe, Schlussfolgerungen für Ihre Arbeit in der Schule:

....

....

.... **Training** ⟐···

Die Wahrnehmung und Klärung, welcher Beziehungsmensch Sie sind, ist insofern von großer Bedeutung, da diese auch Aufschluss darüber geben, wie Sie sich als Lehrerin/Lehrer im Kollegium und den Schülerinnen und Schülern gegenüber verhalten.

Als »Nähemensch« werden Sie vermutlich im Klassenzimmer eher Wert auf Gemeinsamkeiten, auf Kooperation und Interaktion legen, während Sie als »Distanzmensch« eher sachlich orientiert sind und eher Wert auf Frontalunterricht und Einzelarbeit legen.

Die *eigenen Präferenzen* beeinflussen somit den Unterrichtsstil, die Art der Kommunikationen und Interaktionen, ja sogar der Verhaltensbewertungen und Notengebung. »Gute« Lehrerinnen/Lehrer werden deshalb darauf achten, sowohl auf der Sachebene als auch auf der Beziehungsebene sehr differenziert zu handeln, in einem breitgefächerten »Registerspektrum«, um der Verschiedenartigkeit der Schülerinnen und Schüler gerecht zu werden:

28 Jungen und Mädchen sind in der 6b. In der dritten Reihe am Fenster sitzen Zwillinge. Sie könnten nicht unterschiedlicher aussehen und sein, die beiden, nebeneinander an einem Tisch: Die eine bildhübsch, kontaktfreudig, aufgeschlossen, ein Wonneproppen, einfach zum Gernhaben, immer im Mittelpunkt stehend. Die andere einem hässlichen Entlein gleich, kontaktscheu, missmutig und verkniffen, eine Randerscheinung in der Klasse – kaum beachtet von den anderen.

Und die Lehrerinnen und Lehrer? Auch sie tappen in die Beziehungsfalle und wenden sich weit mehr dem Engelchen zu als dem Aschenputtelkind.

> **Vor allem die Unscheinbaren brauchen unsere Zuwendung. Die anderen bekommen sie sowieso.**

6

Beobachten Sie sich selbst während des Unterrichts: Steuern oder dominieren Sie die Schülerinnen und Schüler, was deren Kontakte, Kooperationen und Beziehungen betrifft, oder lassen Sie sie eher selbst entscheiden, ob, wann, mit wem und wie sie interagieren?

Ergebnisse:

··

··

··

Blicke in Unterrichtsszenen:

Direktiv	*Nondirektiv*
Du setzt dich jetzt neben Tina!	Neben Tina ist noch ein Platz frei.
Bildet fünf Gruppen!	Mein Vorschlag: EA, PA oder GA ...
Nehmt euch bei der Hand!	Wer mag ...mit wem ...?
Du spielst mit Pitt!	Pitt ist noch allein ...

> **Stellen Sie sich vor, Erwachsene würden Ihnen vorschreiben, wann Sie mit wem ...**

7

Erinnern Sie sich an offizielle Einladungen, Feste, Feiern ..., bei denen Sie, weil vorgeschrieben, neben alten und jungen, sympathischen und unsympathischen, lauten und leisen, zurückhaltenden und aufdringlichen, redenden und zuhörenden Menschen zu sitzen haben ...

Ihre Erfahrungen, Stimmungen, Emotionen, Gedanken, Wünsche ...

··

··

··

8

... und dann zurück in die Schule – mit folgenden didaktischen und beziehungsrelevanten Vorsätzen:

··

··

··

··· **Training** ⟵···

22 Der kommunikative Dreifachschlüssel

> Ziel: in Kurzzeitkommunikationen professionell agieren können

5. Klasse. Sie bekommt einen neuen Lehrer. Kaum hat er das Klassenzimmer betreten, fragt ihn auch schon einer, ob er denn ein guter Lehrer sei. Darauf geht der Lehrer zum Pult, nimmt das Klassenbuch und trägt ein: »Peter K., Eintrag wegen Provokation«.

Was hätten SIE wohl zunächst gedacht – und dann geantwortet?

....

So ist das mit dem Ich und den vielen Du's, gleich am ersten Schultag: Die einen begrüßen Sie freundlich, andere stellen Ihnen Fragen, wieder andere bemerken Sie nicht einmal – und es gibt auch die, die gleich mit Ihnen ihre Kräfte messen wollen …

···🔹 **Training** ···

1 Notieren Sie drei »Empfänge«, die Ihnen bis heute (als Lehrerin/Lehrer) in Erinnerung geblieben sind – und wie Sie damals reagiert haben:

a) ....
....

b) ....
....

c) ....
....

2 Und heute?

a) ....
....

b) ....
....

c) ....
....

3 Sie kommen als »Neue/Neuer« in das Klassenzimmer und es passiert Folgendes:

a) Die Klassenzimmertür ist ausgehängt worden, lehnt an der Wand; fragende Gesichter: Wie er/sie wohl reagieren wird?
b) Auf meinem Pult liegt ein Blumenstrauß. Alle schauen mich an, erwartungsvoll …
c) Ich komme nicht einmal dazu, »Guten Tag« zu sagen, weil »Chaos herrscht« und ich kaum wahrgenommen werde.
d) Ich stelle mich der Klasse vor. Darauf sagt der Klassensprecher: »Sind Sie auch so gut wie unsere frühere Englischlehrerin?«

Wie reagieren Sie?

Finden Sie in der Gruppe zunächst allein jeweils eine Lösung, teilen Sie sie mit und dann entscheiden Sie, welche für wen »stimmig« ist:

....

....

....

4 Halten Sie inne, bevor Sie in eine neue Klasse gehen:

Wie ich mich fühle: ....

....

Worüber ich mich informiere: ....

....

Meine Vorbereitungen: ....

....

Mit wem ich noch reden möchte: ....

•• **Training** ⁝⁘

Auf der Beziehungsebene geschieht Entscheidendes: Erwartungen, Neugier, Vorurteile, Empfindungen, Gefühle, Übertragungen, Fantasien …, die sich dann in entsprechenden Verhaltensweisen auswirken. Was die Lehrerseite betrifft, so ist auch hier der sog. »kommunikative Dreifachschlüssel« (KDS) ein hilfreiches Instrument, um professionell handeln (= agieren/reagieren) zu können (siehe auch Übungseinheit 7, S. 37), und zwar in Situationen, die für Sie überraschend sind:

1. Die Situation wahrnehmen und etwas von sich mitteilen
2. Empathisch/einfühlsam auf das Gegenüber eingehen
3. Bei verbalen und körperlichen Übergriffen Grenzen setzen

Beispiel 3a »Klassenzimmertür« (vgl. S. 101):

a) Jetzt bin ich aber überrascht; baff …, Das hätte ich nicht erwartet …
b) Da war euch jetzt wohl langweilig … keinen Bock auf Unterricht …
c) Jetzt warte ich (so und so lange), bis die Tür wieder eingehängt ist …

Bei der Anwendung können nun, je nach Mitteilung, eine, zwei oder alle drei Antworten zur Sprache kommen; ebenso ist die Reihenfolge abhängig von der Art der Mitteilung. Z. B. bei verbalen Entgleisungen steht (3.), Grenzen setzen, an erster Stelle: »Ich möchte nicht, dass Sie so mit mir reden.« – Oder: »Nicht in diesem Ton!«. Wenn jemand mit Ihnen über seine Sorgen redet, dann ist es angemessen, empathisch zu reagieren (b), z. B.: »Es ist schwer für Sie …«

···⫶ **Training** ···

5 Reagieren Sie (*vor der Klasse!*) auf folgende Aussagen von Schülerinnen/Schülern und wenden Sie den kommunikativen Dreifachschlüssel an (in selbstgewählten Kontexten):

Schülerinnen/Schüler	*Meine Antwort*
»Wir haben noch immer nicht die Klassenarbeiten zurück.«	....
»Wir haben noch immer nicht die Klassenarbeiten zurück. Sind Sie zu faul?«	....
»Sie ziehen den Stoff zu schnell durch. Frau M. geht viel langsamer vor.«	....
»Sie sind unsere beste Lehrerin/unser bester Lehrer. Wir mögen Sie am liebsten.«	....
»Wir kommen gut mit Ihnen aus. Aber Hausaufgaben geben Sie zu viel auf.«	....
(Am ersten Tag): »Sind Sie ein strenger Lehrer/eine strenge Lehrerin? Andere sagen das von Ihnen.«	....

6 Suchen Sie selbst Beispiele mit entsprechenden Antworten:

Beispiele	*Dreifachschlüsselantworten*
a)	....
....	....
....	....

b)
....
....
....

c)
....
....
....

7 Ziehen Sie für sich und in der Gruppe ein Resümee über die Anwendungsbrauchbarkeit des KDS: ....
....

Ihre jeweiligen Antworten sagen nicht nur etwas aus über Ihre Person und die Beziehungen zu den Schülern/Schülerinnen, sondern auch, welches Rollenverständnis Sie haben. Reflektieren Sie bitte Ihr Rollenverständnis:

8 Mein Rollenverständnis (= Was ich alles bin):

	kaum							*sehr*
	1	2	3	4	5	6	7	8
Lehrender	❏	❏	❏	❏	❏	❏	❏	❏
Lernbegleiter	❏	❏	❏	❏	❏	❏	❏	❏
Lernpartner	❏	❏	❏	❏	❏	❏	❏	❏
Informator	❏	❏	❏	❏	❏	❏	❏	❏
Sozialarbeiter	❏	❏	❏	❏	❏	❏	❏	❏
Klassenleiter	❏	❏	❏	❏	❏	❏	❏	❏
	❏	❏	❏	❏	❏	❏	❏	❏
....	❏	❏	❏	❏	❏	❏	❏	❏

Vergleich und Diskussion in der Gruppe zum Rollenverständnis:
....
....
....
.... **Training** ❖·····

23 Die Klasse und ich

Unterricht als Prozess: Sie als Protagonisten, zusammen mit Ihren Schülerinnen und Schülern mit ihren unterschiedlichen (idealtypischen) Rollen (Verhaltensweisen) und mit ihren …

Stärken	*und Schwächen*
Trägerrollen:	
• aktiv, den Lehrer/die Lehrerin unterstützend	dominant
• prozess- und produktorientiert	übers Ziel hinausschießend
• dynamisch/herausfordernd	überfordernd
ausgleichende Rollen:	
• vermittelnd, besänftigend	prozessblockierend
• auf Harmonie bedacht	nivellierend
• integrierend	konfliktscheu
passive Rollen:	
• zurückhaltend	unterfordernd
• abwartend	bremsend, hemmend
• beobachtend	teilnahmslos
dysfunktionale Rollen:	
• kreativ-unruhig	störend, verwirrend
• polarisierend	entzweiend
• kritisch	verletzend

⋯⋗ Training ⋯⋯⋯⋯⋯⋯⋯⋯⋯⋯⋯⋯⋯⋯⋯⋯⋯⋯⋯⋯⋯⋯⋯⋯

1 Meine eigene Stärken-Schwächen-Bilanz: ⋯⋯⋯⋯⋯⋯⋯⋯⋯⋯⋯⋯⋯⋯⋯

⋯⋯⋯⋯⋯⋯⋯⋯⋯⋯⋯⋯⋯⋯⋯⋯⋯⋯⋯⋯⋯⋯⋯⋯⋯⋯⋯⋯⋯⋯⋯⋯⋯⋯⋯⋯

⋯⋯⋯⋯⋯⋯⋯⋯⋯⋯⋯⋯⋯⋯⋯⋯⋯⋯⋯⋯⋯⋯⋯⋯⋯⋯⋯⋯⋯⋯⋯⋯⋯⋯⋯⋯

2 Besprechen Sie in der Gruppe diese Rollen und die Vielfalt von Möglichkeiten der Inter-
 aktionen, der Störungen und Konflikte, der Potenziale, der »Farben« in den jeweiligen Klassen, der eingebrachten Ideen, Gedanken, Fantasien, Erfahrungen …

Ergebnisse: ....
....
Didaktische Konsequenzen: ....
....

3

Bilden Sie mit Kolleginnen/Kollegen, die mit Ihnen in einer Klasse unterrichten, eine Gruppe und teilen Sie den Schülerinnen/Schülern auf Grund Ihrer Beobachtungen bestimmte Rollen zu.

Schülernamen	*Rollenzuteilung auf Grund Ihrer Beobachtungen*
....	....
....	....
....	....
....	....

4

Stellen Sie Übereinstimmungen und Unterschiede fest, um sich sowohl der Vielfalt der Wahrnehmungen bewusst zu werden als auch der Vielfalt der Rollen, die in einer Klasse auftreten können.
(Alle Rollen sind für die Klasse und die Lernprozesse von Bedeutung.)

Frau A. kommt aufgeregt ins Lehrezimmer und beklagt sich über Tilmann, einen Schüler aus der 9. Klasse, weil der immer so unverblümt seine Meinung sagt. »Da weiß ich dann gar nicht, was ich tun soll.« »Ja, der Tilli, der ist einer meiner besten; wenn ich den nicht hätte, dann gäb's manche Flaute im Unterricht«, erwidert daraufhin Kollege G.

5

Ziehen Sie Konsequenzen für Ihr Handeln im Unterricht:
- Förderung der Stärken der Einzelnen
- Reduzierung der Schwächen
- Verhinderung gegenseitiger Abwertungen
- Schaffung einer »dynamischen Balance«: Jede(r) in der Klasse ist einmalig und wichtig.
- Zulassen von Rollenwechseln und persönlicher Entwicklung

6

Blick ins Lehrerzimmer:
Auch da gibt es ein »Mittendrin« und verschiedene Rollenträger. Sprechen Sie in der Gruppe über Ihre Wahrnehmungen, Beobachtungen, Eindrücke und unterschiedlichen Verhaltensweisen.

....
....
....

7

Lassen Sie die Merkmale der genannten vier Rollen Revue passieren und überlegen Sie, wie Sie sich überwiegend verhalten:

Kontext	tragend	ausgleichend	passiv	dysfunktional
in der Familie	☐	☐	☐	☐
im Freundeskreis	☐	☐	☐	☐
im Kollegium	☐	☐	☐	☐
in der Klasse	☐	☐	☐	☐
in	☐	☐	☐	☐

8 Und weiter: Lassen Sie sich von anderen einschätzen (= Selbst- und Fremdwahrnehmung). Ergebnis:

Kontext   *Beobachtungen*

....

....

....

9 Informieren Sie Ihre Schülerinnen/Schülern über die vier Rollen und sprechen Sie mit ihnen über die Beantwortung ihrer Fragen:
- Wie ich mich als Schüler/Schülerin wahrnehme, sehe ...
- Wie mich die anderen wahrnehmen, sehen ...

Gemeinsames Fazit: ....

....

Konsequenzen für unsere Beziehungen untereinander: ....

....

10 Überprüfen Sie *Ihre Beziehungen* zu Ihren Schülern und Schülerinnen unter dem Gesichtspunkt: meine eigenen Stärken und Schwächen und die der Schüler/Schülerinnen:
Ich mag manche besonders, weil ich selbst ... .

....

....

Ich habe mit manchen Schwierigkeiten, weil ich selbst ... .

....

....

•• **Training** ⦂•••

Ich wurde während meiner Schulzeit von manchen Lehrern oft ermahnt, weil ich so »vorlaut« war. Als junger Lehrer hatte ich mit »vorlauten« Schülern Schwierigkeiten. Ich lehnte sie eher ab, weil sie mich an mein eigenes »Vorlautsein« (das andere damals bei mir ablehnten) erinnerten.

Während eines Workshops bat ich die Teilnehmenden, geheim zu notieren, welcher »Haupttyp« (siehe S. 104) sie im Kontext der kollegialen Arbeit in der Schule seien. Ich sammelte die Kärtchen ein, wählte die Passiven (insgesamt acht, über die nur ich Bescheid wusste) aus und gab ihnen einen Gruppenauftrag, den sie – unter Beobachtung der anderen – ausführen sollten. Binnen kürzester Zeit kristallisierten sich während des Gruppenprozesses unter diesen »Passiven« wieder neu die vier Haupttypen heraus.

Wie wichtig doch alle vier (Ideal-)Typen sind!

···⋮ **Training** ···

11 Über die Beobachtungen von *Rollen*verhalten hinaus gibt es auch andere Kriterien der Beobachtungen. Deshalb: Sprechen Sie sich in der Gruppe ab, wer sich von wem während einer Unterrichtsstunde beobachten lässt. Kriterien der Beobachtung:
- Körpersprache: ....
- Redeanteile: ....
- Interaktionen: ....
- Tafelanschrieb: ....
- Methodenwechsel: ....
- Mediengebrauch: ....
- Und: ....
- Ihr Resümee: ....

12 Von Schülerinnen/Schülern werden Sie tagtäglich beobachtet. Wenn Sie es für sinnvoll und für möglich halten, lassen Sie sich von ihnen beobachten, und zwar …
- zunächst ohne vorgegebene Kriterien, allgemein: Was fällt euch bei mir auf … Ergebnis:

  ....

  ....

- und dann mit vorgegebenen Kriterien, unterrichtsbezogen (siehe oben).

  ....

Ergebnis/Konsequenzen: ....

....

··· **Training** ⋮···

> Ziel: Kinder und Jugendliche in ihrer Einmaligkeit wahrnehmen und akzeptieren

Ich komme eines Morgens an einer Schule vorbei und sehe, wie ein Mann vor dem Schultor steht und jedem Kind die Hand gibt, Mädchen wie Jungen. Die eine lächelt er an, den anderen stupst er freundlich, den dritten streicht er übers Haar und die vierte fragt er etwas. Den Kindern sieht man an, dass ihnen der persönliche Kontakt und Empfang gut tun. »Ich bin der Hausmeister«, sagt der Mann zu mir, als ich ihn, verwundert über die morgendliche Szene, anspreche. »Ich begrüße alle Kinder jeden Tag, seit 20 Jahren. Sie warten schon drauf. Ich darf niemanden übersehen.«

Nein, übersehen darf er niemanden, er nicht und die Lehrerinnen und Lehrer in der Schule nicht. Im Gegenteil:

> **Die Kinder wahrnehmen, sie beachten, ihre vielfältigen Botschaften ernst nehmen – und auch von ihnen lernen.**

Das ist gar nicht so einfach. Dazu braucht man Zeit, den Kopf frei *von* eigenen Vorhaben, Plänen, Absichten; frei *von* Richtlinien, Elternerwartungen, Prüfungsterminen; und dadurch frei *für* das, was die Kinder beschäftigt, was sie mitteilen, was sie wollen und beabsichtigen. Und vor allem dadurch entstehen und entwickeln sich lebendige Beziehungen zu ihnen.

Nachfolgend erzähle ich Geschichten von ihnen. Sie zeigen am besten, wie *einmalig* und wie *ungleich* sie untereinander sind. Der Trainingsgehalt dieser Übungseinheit liegt vordergründig im Einnehmen verschiedener Perspektiven – und damit auch in der Auseinandersetzung mit eigenen Erlebnissen.

An einem der ersten Schultage dürfen die Kinder ein Bild ihres Ferienaufenthaltes malen … Die Lehrerin nutzt die Gelegenheit, die Mädchen und Buben zu beobachten, sie in ihrem Tun näher kennen zu lernen; sie geht an ihnen vorbei, bleibt da und dort stehen, blickt auf die entstehenden Werke. Ein Junge malt einen See grün aus. Als die Lehrerin das sieht, sagt sie leise zu ihm: »Du, den See malt man aber blau an.« Daraufhin dreht sich Edi um, blickt zu ihr hoch und antwortet: »Da, wo ich war, da war er ganz grün.«

Was Edi betrifft: Er malt, wie *er* den See gesehen hat (und nicht wie er auszusehen hat). Er, wie andere auch, hat seine eigenen Wahrnehmungen, Erfahrungen und Deutungen der Wirklichkeit.

Im Klassenzimmer: Sitzkreis am Morgen. Wer mag, kann etwas Wichtiges berichten. Als nach einer Weile alle auf ihren Platz zurückgehen wollen, meldet sich zum Schluss noch Christine: »Ich habe gestern einen Geist gesehen«, sagt sie, etwas zögerlich, zum Lehrer und zu ihren Mitschülern und Mitschülerinnen. »Den gibt's ja gar nicht«, antwortet der Lehrer, »da hast du dich bestimmt getäuscht«. »Doch, den gibt's schon«, bekräftigt das Mädchen, »denn sonst gäbe es doch kein Wort dafür«.

> **Was es alles gibt, dachte sich da der Lehrer und staunte über die geistreiche Antwort.**

Ja, das gibt es, die vielen und vielfältigen Erlebnisse, Ansichten, Meinungen und Ideen der Kinder (und der Erwachsenen). Wie schnell kommt uns doch über die Lippen »Das gibt es nicht.« – »Du täuschst dich!« – »Du mit deinen Hirngespinsten.«

Die Katze war das Thema in den letzten Stunden. Nun will die Lehrerin die Wahrnehmungsfähigkeit und das Wissen der Kinder überprüfen. Sie gibt ihnen ein Arbeitsblatt, auf dem eine Katze abgebildet ist – ohne Schwanz. Darunter die Frage: Was fehlt der Katze? 26 Kinder notieren ihre Antwort auf das Blatt, 25 davon schreiben: ein Schwanz. Marlies jedoch hat geschrieben: ein Schälchen Milch. Als sie sie vorliest, lacht niemand. Ein kollektives Nachdenken hängt im Raum. Nicht einmal die Lehrerin hat diese Antwort erwartet.

> **Die Welt der Menschen ist voller Wahrnehmungen, Ideen, Fantasien und Deutungen.**

… und die der Kinder und Jugendlichen im Besonderen. Wir können *voneinander* lernen – und es braucht nicht immer Lehrende …

Schon beim Betreten des Klassenzimmers merken die Kinder, dass es ihrem Lehrer heute nicht gut geht. Normalerweise hat er immer Farbe im Gesicht, heute ist es ganz bleich. Der Lehrer will unbedingt noch diese Stunde durchhalten und setzt sich hinter sein Pult. Den Kindern gibt er Stillarbeit, um sich etwas auszuruhen. Nach einigen Minuten geht ein Mädchen zum Lehrer und sagt zu ihm: »Gell, Ihnen geht's nicht gut!? Wissen Sie was, legen Sie sich doch auf unsere Couch in der Leseecke.« Und schon führt sie ihn an der Hand, ein paar andere kommen hinzu: Der eine holt ein Kopfkissen, die andere eine Decke … und im Nu sind sie wieder auf ihren Plätzen, arbeiten weiter, manchmal zu ihm blickend. Der Lehrer braucht etwas Zeit, um sich an diese für ihn völlig neue Situation zu gewöhnen. Vor allem aber merkt er, dass es auch ohne ihn geht, wenigstens vorüber-

gehend. Und die Schüler/Schülerinnen? Die sind richtig stolz, dass sie keinen Aufpasser brauchen und ohne ihren Lehrer arbeiten dürfen.

> **Vieles selbst und ohne Lehrer ausprobieren dürfen. Das fördert ihr SELBST-bewusstsein.**

… und für die Lehrerinnen/Lehrer (auch): Entlastung, zu sich kommen, sich sammeln, Energien auftanken.

Sven hat etwas angestellt, weshalb der Lehrer mit ihm reden muss. Alle anderen dürfen in die Pause, nur Sven muss zurück bleiben. »Du weißt ja, was du getan hast«, beginnt der Lehrer das Gespräch. Sven hört gar nicht erst zu. Er geht zum Spielschrank, holt einen Stoffball hervor und kickt ihn dem Lehrer zu. Der ist zunächst verblüfft, kickt aber dann doch den Ball zurück – und die beiden beginnen einen stummen Dialog, fast die ganze Pause hindurch. Der Lehrer hat verstanden: Die Beziehung ist schon mal hergestellt. Die Angelegenheit selbst wird noch zu klären sein.

Aus einem möglichen Lehrermonolog wird ein »Dialog der besonderen Art« – zur Zufriedenheit von Sven und zur Entlastung von Lehrer F.

> **Wie ein Gespräch verläuft, bestimmen beide Seiten.**

Während eines Ausflugs trägt Lehrer F. eine Baseballmütze, mit Schild cool im Nacken. Er kommt sich super vor. Einige grinsen, andere tuscheln … Irgendwann kommt Dandy auf ihn zu, nimmt ihm die Mütze vom Kopf und setzt sie ihm anders herum auf. »Steht Ihnen besser so«, sagt er zu ihm. Und: »Sie müssen uns nicht nachmachen. Wir mögen Sie auch so.«

Der Lehrer: Muss sich nicht verstellen, nicht anbiedern und erfährt, dass die Kinder ihn so mögen, wie er ist. (Was zu hören ihm sehr gut getan hat.)

> **Auf die Echtheit kommt es an.**

Die Lehrerin hat mit den Kindern die Heuschrecke durchgenommen. Nun will sie wissen, wie viel vom Gelernten hängen geblieben ist. Sie wendet sich an Karli, einen blassen neunjährigen Jungen, von dem sie weiß, dass er in schwierigen Familienverhältnissen lebt. Deshalb fragt sie ihn auch ganz behutsam und wählt eine leichte Frage aus: »Karli, wie viele Beine hat denn die Heuschrecke? Das weißt du doch bestimmt.« Dem Karli scheint die Frage unangenehm zu sein. Er runzelt die Stirn, überlegt, schüttelt den Kopf – und antwortet dann, erstaunlich selbstbewusst und etwas verwundert: »Frau Kosel, Ihre Probleme möchte ich haben.«

Der Blick auf die oft extrem schwierigen Lebenssituationen von Kindern lässt die Schule in einem anderen Licht erscheinen, bagatellisiert sie zwar nicht, relativiert sie aber. Deshalb:

> **Die Schule zwar wichtig nehmen und ihre Einflussmöglichkeiten einschätzen, sich aber nie von der Wirklichkeit der Kinder entfernen.**

Im Schulhof schaut Peter in den herrlich blauen Himmel, immer wieder, wie die Lehrerin bemerkt. Als sie nahe bei ihm steht und mit ihm zum Himmel guckt, sagt Peter unvermittelt: »Der liebe Gott trägt bestimmt einen blauen Anzug.« Erstaunt fragt die Lehrerin: »Wie kommst du denn jetzt da drauf?« Und Peter sagt ungerührt: »Weil ich ihn ja sonst sehen tät.«

Kinder »dürfen« ihre Gedanken, Vorstellungen, »Weltsichten« mitteilen; müssen sie nicht verstecken; haben keine Angst, ausgelacht zu werden. Das stärkt ihr Selbstbewusstsein und zeigt den Lehrerinnen/Lehrern die kindliche Vielfalt in all ihren Ausprägungen:

> **Sogar Philosophen entdeckt man in der Schule.**

Die Schulleiterin einer großen Grundschule bekommt Besuch. Eine Gruppe von Lehrerinnen und Lehrern hat sich angemeldet, um die pädagogischen und didaktischen Innovationen der Schule kennen zu lernen. Obwohl kein Klingelzeichen ertönt, füllt sich nach und nach der Pausenhof mit Kindern. Sie oder deren Eltern kommen aus vielen verschiedenen Ländern, was die Besucher teilweise erkennen können.

> **»Ja«, sagt die Schulleiterin stolz, »die 420 Kinder sind unser ganzer Reichtum. Es lohnt sich, für sie da zu sein.«**

25 Sich kennen lernen

Ziel: die Persönlichkeit der Schüler und Schülerinnen entdecken

Es ist vielfach der Brauch, dass am *Ende* eines Schuljahres, einer gemeinsamen Schulzeit (4. Klasse, 10. Klasse, Abi) eine Klassenfahrt oder ein Schullandheimaufenthalt stattfindet, u. a. mit dem Ziel, die Gemeinschaft zu stärken.

Inzwischen hat sich die Einstellung teilweise geändert: Sie finden zu *Beginn* einer gemeinsamen Schulzeit statt, mit dem Ziel, *damit* sich die Kinder und Jugendlichen – zusammen mit den Lehrerinnen und Lehrern – kennenlernen können, *damit* eine Gemeinschaft entsteht, sich entwickeln und erfahrbar werden kann. Ergänzend gibt es in der Schule oder in den Klassenzimmern Events und Interaktionen, ebenfalls mit dem Ziel, die Zusammengehörigkeit zu gestalten und zu erleben.

Darüber hinaus kann auch ein *Fragebogen*, in Verbindung mit persönlichen Gesprächen, Aktionen, Spielen, Unternehmungen u. ä. für die Lehrpersonen Aufschluss über das Verhalten, die Lernbedingungen, familiäre Situationen und die Schullust/Schulunlust der Schülerinnen und Schüler geben und richtungsweisend für förderliche Beziehungen und hilfreiche Maßnahmen sein. Aus Datenschutzgründen sollte allerdings der Fragebogen im Gespräch mit den Eltern begründet und erklärt werden.

····≳ Training ···

1 Besprechen Sie diesen Fragenbogen (als Grundlage) in der Gruppe, im Kollegium und modifizieren Sie ihn entsprechend den Gegebenheiten und Situationen in Ihrer Schule und Ihrer didaktischen Absichten.

....

....

2 Simulieren Sie ein Gespräch »Lehrer – Eltern«, in dem von »Elternseite« auch Bedenken, Einwände, Fragen enthalten sind. (Ziel: auf alles vorbereitet sein!)
Bemerkungen: ....

....

3 Machen Sie sich Notizen, was Sie mit den Kindern besprechen wollen, bevor Sie ihnen den folgenden Fragebogen austeilen:

....

··· Training ≲····

Liebe(r) .... ,

du bist neu in unserer Schule: Herzlich willkommen! Damit wir Lehrerinnen und Lehrer dich und die anderen in deiner Klasse besser verstehen und selbst gut unterrichten können und du möglichst viel Erfolg beim Lernen hast, möchten wir dich/ euch näher kennenlernen. Zusätzlich zu den persönlichen Gesprächen geben wir dir/ euch deshalb diesen Fragebogen:

Lies ihn bitte zuerst in Ruhe durch.

Beantworte nur das, was du auch wirklich beantworten kannst und willst.

Du kannst ihn auch zusammen mit Freundinnen/Freunden oder daheim mit deinen Eltern beantworten – oder, falls du nicht schreiben magst, jemandem diktieren.

Fragen zu deiner Person, zu dir selbst

1. Gehst du zurzeit gern in die Schule?

   ❑ Ja, weil ....

   ❑ Geht so, weil ....

   ❑ Nein, weil ....

2. Hast du diese Schule selbst gewählt?

   ❑ Ja   ❑ Nein, weil ....

3. Wenn du an die Schule denkst:

   Worauf freust du dich?   Und hast du auch Angst? Wovor?

   ....

   ....

4. Welcher Satz stimmt für dich?

   ❑ Ich gehe gern in die Schule.

   ❑ Mal gehe ich gern, mal nicht gern in die Schule.

   ❑ Wenn's nach mir ginge, würde ich überhaupt nicht in die Schule gehen, weil

   ....

5. Was machst du am liebsten in deiner Freizeit? (Hobbys ...)

   ....

   ....

   ....

6. Weißt du jetzt schon, was du einmal werden möchtest?

   ❏ nein   ❏ ja: _____

7. Bist du am Nachmittag lieber allein für dich oder lieber mit anderen zusammen oder teils/teils?

   ❏ lieber alleine   ❏ lieber mit anderen   ❏ teils/teils

Fragen zu deinem Zuhause

1. Um wie viel Uhr stehst du an Schultagen auf? Etwa um: _____ .

2. Frühstückst du ...

   ❏ mit deinen Eltern/Geschwistern   ❏ allein   ❏ gar nicht

3. Wie viele Minuten brauchst du, um in die Schule zu kommen?

   Etwa _____ Minuten

4. Hast du einen Lernplatz/Schreibtisch für dich allein?

   ❏ ja   ❏ nein

Fragen zu deinen Lerngewohnheiten

1. Lernst du am Nachmittag

   ❏ allein   ❏ mit anderen

2. Hilft dir jemand bei deinen Hausaufgaben?

   ❏ nein   ❏ ja   wenn ja, wer? _____

3. Welche Schulfächer magst du am liebsten, welche überhaupt nicht?

am liebsten	geht so	überhaupt nicht
....	....	....
....	....	....

4. Wie viel Zeit brauchst du täglich für die Erledigung deiner Hausaufgaben?

   Durchschnittlich ungefähr _____ Stunden

Vielen Dank für deine Mühen, die du dir gemacht hast.

Vielleicht kennen Sie das aus Ihrer Schulzeit: Erster Schultag, neue Lehrerinnen und Lehrer. Die Tür geht auf, guten Morgen allerseits (mit oder ohne Aufstehen), und dann sofort: Bücher raus, Hefte auf, WIR fangen an …

> **Gleich zur SACHE. Die Beziehung war kein Thema.**

Ist sie aber! Und zwar noch vor der Sache: kein wirksames Lehren und Lernen ohne Beziehungsebene. Ich gebe ich Ihnen einige Empfehlungen, wie man sich gegenseitig kennenlernen und zwischenmenschliche Beziehungen im Klassenzimmer gestalten kann:

- Fragen an den Lehrer, die Lehrerin: »Wir möchten gerne von Ihnen wissen …?« (Schüler/Schülerinnen als Interviewer)
- Angebot: »Ihr könnt mir auch schreiben, was ihr von mir wissen, was ihr mir mitteilen wollt …« (als »Redakteure«)
- In den Gruppen: Was wir uns gegenseitig mitteilen wollen (als Gäste in der Talkshow)
- Via Poster: Was ich über mich zeichnen, malen, schreiben will (als Künstler/Künstlerin)
- Via Darstellung (nur wer mag/kann): Was ich euch von mir zeigen/darstellen … will (als Schauspieler/Schauspielerin)
- Aus meinem Leben: Jeweils zwei Schüler/Schülerinnen pro Unterrichtsstunde zeigen und erklären – mittels Gegenstände aus ihrem Alltag (Bücher, Tennisschläger, Schachbrett, Ballettschuhe …) – was ihnen persönlich wichtig ist und womit sie sich derzeit beschäftigen (als Präsentatoren)
- Verbale Mitteilung: Was ich überhaupt nicht mag; was ich nicht leiden kann, was mir unangenehm ist (als Redner/Rednerin)
- Vereinbarung: Wie wir miteinander umgehen (als Konferenzteilnehmende)
- Via Sketsch: Wer mag, bereitet einen Sketsch vor, der dann vor der Klasse gespielt wird. Themen: Unser Lehrer – Knatsch daheim – im Schulbus – während der Pause … (als Schauspieler/Schauspielerin; wodurch nicht nur intellektuelle Fähigkeiten zum Vorschein kommen.)

Durch diese Methodenvielfalt lernen die Kinder und Jugendlichen unterschiedliche Präsentationformen kennen und wie sie sie persönlich darstellen können. Sie als Lehrerin/Lehrer sind dabei hauptsächlich Moderator.

26 Auf alles gefasst sein

Ziel: … und professionell reagieren

Im Religionsunterricht fragt der Lehrer die Schüler/Schülerinnen, ob sie denn vor dem Essen zu Hause beten würden, worauf einer antwortet: »Nee, unsere Mutter kocht gesund.« Darauf der Lehrer: »Sag, willst du mich verarschen?«

Der Schüler meinte es wirklich ernst. Der Lehrer fühlt sich nicht ernst genommen.

»Sind Sie schon lange Lehrerin?«, fragt ein Vater, worauf diese völlig irritiert ist und ihre Kompetenz infrage gestellt sieht.

Dabei wollte dies der Vater nur wissen, weil er – und andere Eltern auch – sich Sorgen machten, ob denn ihre Kinder bei ihr genug lernen würden.

Wir können nicht sicher wissen, wie unsere Nachrichten beim Gegenüber ankommen und was sie bei ihm auslösen/bewirken.

Jede empfangene Botschaft ist das Konstrukt des Empfängers. Denn unsere Wahrnehmungen, hier speziell das Hören, und unser Verstehen sind sehr unterschiedlich geprägt und beeinflusst durch

- die genetische Disposition und Persönlichkeitsstruktur
- die Herkunft, den Kulturhintergrund, Bildungsstand
- die eigene Lebensgeschichte und zwischenmenschlichen Erfahrungen
- die persönliche Befindlichkeit und die momentane Situation
- die Art der Beziehung und das soziale Umfeld
- die Sprache/den Dialekt und den jeweiligen Kontext
- die Hörgewohnheiten, Fantasien, Motive und Absichten
  Stichwort »Sprache/Dialekt«:

Als gebürtiger Bayer frage ich während eines Kurses in Hamburg die Teilnehmenden, ob ich verstanden oder zu viel Dialekt sprechen würde, worauf eine Teilnehmerin antwortet: »Nein, reden Sie nur so weiter. Erinnert mich immer an meinen Urlaub in Bayern.«

1

Notieren Sie Begebenheiten und Situationen, in denen Sie sich anderen gegenüber mitgeteilt haben und für Sie völlig unerwartete Antworten bekamen. Und dazu Ihre Reaktionen!

Begebenheit/Mitteilung	*erhaltene Antwort*	*eigene Reaktion*
....	....	....
....	....	....
....	....	....

2

Sprechen Sie mit den Menschen, von denen Sie sehr unerwartete Antworten bekommen haben, um die Diskrepanz zwischen Sender und Empfänger herauszufinden.

Fazit: ....
....

·· Training ⟨····

Beispiel:
Im Speisesaal einer Akademie frage ich eine Dame, die alleine an einem Tisch sitzt, ob dies hier der Vegetarier-Tisch sei, worauf ich in schnippischem Ton zur Antwort bekomme: »Warum, sehe ich so aus?« – Nach einer kurzen Unterhaltung mit ihr erfahre ich, dass Sie meine Botschaft nicht als Informationsfrage, sondern als »Frotzelei« und »Anmache« deutete.

Im Gespräch mit ihr stellte sich heraus: Sie hat sich seit längerem auf vegetarische Kost umgestellt, wurde von ihren Angehörigen des Öfteren darüber belächelt und übertrug ihre negativen Erfahrungen auf mich.

Es sind die genannten Variablen mit all den Erinnerungen, Erfahrungen, Gefühlen, die das Hören und Aufnehmen bestimmen, die gleichsam »dazwischenfunken« und dreinreden, wenn Menschen miteinander sprechen: Angenehmes, Unangenehmes, Erfreuliches, Unerfreuliches, Bloßstellungen, Verletzungen, Kränkungen aus der Vergangenheit werden wach und in der Gegenwart aktiviert:

Zwei Lehrer bewerben sich um eine Schulleiterstelle. Der Abgelehnte stürzte dadurch in eine für ihn schwerwiegende Krise. Erst durch therapeutische Gespräche gelang es ihm, sich von Kränkungen aus der eigenen Zeit als Schüler zu lösen und die Ablehnung nicht als persönliches Versagen zu deuten.

···⁚> **Training** ···

3 Notieren Sie Situationen und Begebenheiten, in denen Mitteilungen anderer Sie irritiert, verletzt, gekränkt haben – und suchen Sie nach den Ursachen. Vielleicht stoßen Sie auf Wurzeln in Ihrer eigenen Lebensgeschichte:

Mitteilungen	*Was bei mir ausgelöst/bewirkt wurde*
....	....
....	....
....	....

··· **Training** <⁚···

Was Menschen aktivieren, haben wir nicht in der Hand und darüber keine Verfügung. Deshalb gehört zum Senden von Nachrichten auch das Bewusstsein und die Vorbereitung, »auf alles gefasst zu sein«. Dadurch gibt es höchstens Überraschungen für den Sender (»Das hätte ich jetzt nicht gedacht, dass …«), aber kaum Verletzungen und Kränkungen. Stellen Sie sich vor: im Gespräch treffen zwei Menschen (weiblich/männlich) aufeinander, die sehr unterschiedliche Variablen aufweisen:

Die Variablen	*Person A*	*Person B*
Persönlichkeit	dominant	zurückhaltend
Herkunft	einheimisch	ausländisch
Lebensgeschichte	meist sicher	meist unsicher
Bildungsstand	Akademiker	Arbeiter
Befindlichkeit	skeptisch	unzufrieden
Art der Beziehung	distanziert	zugänglich
Soziales Umfeld	zivilisiert	ordentlich
Sprache	elaboriert	volkstümlich

Wie wird wohl die Kommunikation der beiden Personen verlaufen?

....

....

....

4 Ich gebe Ihnen Beispiele von Mitteilungen (Personen A bis E) und die jeweiligen Reaktionen (Personen F bis J). Zunächst für sich in der Gruppe: Welche »RE-Antworten« geben Sie als Person A bis E auf die Reaktionen (F bis J)? Bitte den jeweiligen Kontext selbst konstruieren (K = Kolleg/in; L = Lehrer/in; S = Schüler/in; E = Eltern)

Mitteilungen	*Reaktionen*
A (K): »Sie sollten sich mal mit der Hirnforschung befassen!«	F (K): »Das überlasse ich Ihnen. Sie haben mehr davon als ich.«
B (S): »Ich komme super bei Ihnen mit.«	G (L): »Willst du dich bei mir einschmeicheln?«
C (L): »Streng dich an! Sooo schaffst du nie das Abi!«	H (S): »Das liegt an Ihnen. Sie erklären so schlecht.«
D (E): »Bei Frau T. war unsere Tochter besser in Mathe.«	I (L): »Da hat sie sich wahrscheinlich auch mehr angestrengt.«
E (K): »Ich arbeite gerne mit dir zusammen.«	J (K): »Warum sagst du mir das?«

Reaktion A auf F: ⋯⋯⋯⋯⋯⋯⋯⋯⋯⋯⋯⋯⋯⋯⋯⋯⋯⋯⋯⋯⋯⋯⋯⋯⋯⋯⋯⋯⋯⋯⋯

Reaktion B auf G: ⋯⋯⋯⋯⋯⋯⋯⋯⋯⋯⋯⋯⋯⋯⋯⋯⋯⋯⋯⋯⋯⋯⋯⋯⋯⋯⋯⋯⋯⋯⋯

Reaktion C auf H: ⋯⋯⋯⋯⋯⋯⋯⋯⋯⋯⋯⋯⋯⋯⋯⋯⋯⋯⋯⋯⋯⋯⋯⋯⋯⋯⋯⋯⋯⋯⋯

Reaktion D auf I: ⋯⋯⋯⋯⋯⋯⋯⋯⋯⋯⋯⋯⋯⋯⋯⋯⋯⋯⋯⋯⋯⋯⋯⋯⋯⋯⋯⋯⋯⋯⋯

Reaktion E auf J: ⋯⋯⋯⋯⋯⋯⋯⋯⋯⋯⋯⋯⋯⋯⋯⋯⋯⋯⋯⋯⋯⋯⋯⋯⋯⋯⋯⋯⋯⋯⋯

 Nun Austausch in der Gruppe über Ihre einzelnen Reaktionen: (gleich, ähnlich, sehr verschieden?) ⋯⋯⋯⋯⋯⋯⋯⋯⋯⋯⋯⋯⋯⋯⋯⋯⋯⋯⋯⋯⋯⋯⋯⋯⋯⋯⋯⋯⋯⋯⋯

⋯⋯⋯⋯⋯⋯⋯⋯⋯⋯⋯⋯⋯⋯⋯⋯⋯⋯⋯⋯⋯⋯⋯⋯⋯⋯⋯⋯⋯⋯⋯⋯⋯⋯⋯⋯⋯⋯⋯

⋯⋯⋯⋯⋯⋯⋯⋯⋯⋯⋯⋯⋯⋯⋯⋯⋯⋯⋯⋯⋯⋯⋯⋯⋯⋯⋯⋯⋯⋯⋯ **Training** ⋮⋯

Um das, was beim anderen ausgelöst wird, nicht zu übergehen, sondern es eventuell aufzugreifen und verständnisvoll zu reagieren, ist es wichtig, »kleinschrittig« zu kommunizieren. Auf ein kommunikatives »Ping-Pong-Spiel« übertragen heißt das: Dem Gegenüber nicht die Bälle hintereinander Schlag auf Schlag um die Ohren hauen, sondern ihm Gelegenheit geben mitzuspielen mit dem Ziel auf beiden Seiten »Ball um Ball« oder »Satz für Satz«, Schritt um Schritt miteinander zu reden. Für mich ist dies auch ein Akt des Respekts vor der Lebensvielfalt des anderen, vor seinen Gedanken, Gefühlen, Ansichten, die ich ernst nehme.

27 ICHzen statt Duzen

> Ziel: sich selbst zur Sprache bringen, statt anderen zu sagen, was sie tun sollen

Kommunikatives »Ping-Pong« zwischen zwei Lehrern

»Du hast aber komische pädagogische Ansichten.«

»Und du hast überhaupt keine.«

»Besser keine als solche wie du sie hast.«

»Jetzt wirst du auch noch unverschämt.«

»Wenn du so empfindlich bist …«

»Und du so patzig …«

»Ach, du …«

»Hör' du doch auf!«

usw.

Dieses Gespräch könnte noch länger so gehen: Angriff – Gegenangriff … Die Partner kreuzen gleichsam ihre Gesprächsklingen. Ich nenne diese Art zu reden deshalb »Überkreuz- Kommunikation«. Es scheint den beiden sehr schwer zu fallen, »bei sich zu bleiben«. Ihr Blick richtet sich jeweils auf das Gegenüber und sie sind damit beschäftigt, darauf zu achten, wo und wie die »Vor-Würfe« landen. Dadurch verlieren sie die Wahrnehmung für sich selbst. Beide teilen nicht sich (oder etwas von sich) mit, sondern sprechen über die andere Person: »Du …«, bzw. »Sie …«, ein sehr weitverbreitetes Kommunikationsmuster, vor allem in Konfliktsituationen, das leider zu Verhärtungen, Clinch, Eskalation, Verletzungen, Gesprächsabbruch … (»Die reden schon seit Jahren nicht mehr miteinander«) und nicht zu Lösungen führt.

···> **Training** ··

1 Bitte beobachten Sie Gespräche (in der Öffentlichkeit, in den visuellen Medien, in Filmen), in denen die Beteiligten (zwei oder mehrere) kommunikativ DUzen/SIEzen, wie oben beschrieben. (Vielleicht auch anschließend Befragung, falls Sie die Personen ansprechen können):

- Wie deuten Sie die zwischenmenschliche Stimmung?
- Wie beenden sie ihre Gespräche?
- Zu welchen Ergebnissen kommen sie?

....

....

....

....

2 Ihre Gesamteinschätzungen solcher Art von Gesprächen:

....

....

....

.... **Training** ⁝⁝⁝⋯

Gespräche nehmen einen anderen, sozialverträglichen Verlauf, wenn die Beteiligten nicht die »Klingen kreuzen«, sondern »bei sich bleiben« und ohne »Angriffsmentalität« agieren, was wichtige Voraussetzungen für zwischenmenschlich faire Dialoge sind:

Bei sich bleiben und dialogisch kommunizieren

Lehrer A:

»Ich verstehe deine pädagogischen Ansichten nicht.«

»O. k., ich hab jetzt Zeit.«

»Für mich ist folgendes ziemlich unverständlich …«

Lehrer B:

»Ich kann sie dir gerne näher erläutern.«

»Dann fang ich gleich mal an.«

»Ich sehe das so, nämlich …«

Statt (vorwurfsvoll) DUzen

»Du redest zu viel!«

»Dauernd kommst du zu spät!«

»Du schaffst das Abi ja nie!«

»Immer drängst du dich vor.«

»Mensch, bist du gemein.«

(selbstmitteilend) ICHzen

»Ich kann nicht mehr zuhören«

»Ich will nicht immer auf dich warten.«

»Ich mach mir Sorgen um deine Zukunft.«

»Ich komme zu kurz.«

»Mich verletzt …«

> **Was du über mich sagst, sagt mehr über dich als über mich aus.**

Hinweis: DUzen ist dann angebracht, wenn man Verhalten beschreibt: Lehrer: »Du bist zu spät gekommen.« »Du hast eine Eins in Deutsch.« Schüler: »Sie haben unsere Arbeiten noch nicht korrigiert.«

3

Sprechen Sie in der Gruppe über das »Bei-sich-Bleiben« in Gesprächen: Bedingungen, die nötig sind – zwischenmenschliche Haltungen – Absichten und Ergebnisse ...

Schlussfolgerungen: ....

....

....

4

Führen Sie Gespräche, in denen Sie mit Ihren Partnern das ICHzen trainieren (am besten in der Gruppe mit Beobachtern).

Erkenntnisgewinn: ....

....

Das »ICHzen« ist besser als das »DUzen« (bzw. SIEzen), weil sich die Gesprächspartner nicht angegriffen fühlen und sich somit auch nicht verteidigen müssen. Jede(r) kann entspannt – und deshalb viel konzentrierter – zuhören und reden. In einem Gespräch geht es nicht darum, dem anderen die Wirklichkeit zu nehmen, sondern die eigene Wirklichkeit (Ansichten, Meinungen ...) möglichst deutlich darzustellen. (Fachleute sprechen in diesem Zusammenhang von sog. ICH-Botschaften oder von SELBST-Mitteilungen.) Erst wenn die Akzeptanz der eigenen Wirklichkeit erfahren worden ist, ist es den Dialogpartnern möglich, einfühlend und verstehend miteinander umzugehen.

Einer meiner Vorgesetzten hatte die Gewohnheit, bei wichtigen Angelegenheiten den Satz mit: »Sie müssen wissen, dass ...« zu beginnen. Früher ärgerte ich mich darüber: Ärger Nr. 1: Der unterstellt mir, dass ich dies oder jenes nicht weiß. Ärger Nr. 2: Der sagt mir, was ich zu wissen habe. Inzwischen ärgere ich mich nicht mehr, weil ich hinter seinem »Sie müssen ...« ein deutliches »Ich« höre und ihn dann frage: »Herr X, was ist Ihnen denn jetzt so wichtig, was Sie mir mitteilen wollen?«

Sein »Sie müssen wissen ...« bedeutet für ihn: »ICH habe jetzt was ganz Wichtiges zu sagen.«

Eine Bekannte: »Sie müssen unbedingt mal zu mir kommen, damit Sie meinen Garten bewundern können.«

Wie wohl ihre ICH-Mitteilung lautet? Wer bei sich bleibt, ermöglicht dem anderen, zu sich zu kommen.

Frau und Herr E. sind in Beratung, um ihre Beziehung zu klären. Sie sprechen über ihre Probleme, ihre Konflikte. Über Jahre angestaute Vorwürfe kommen an die Oberfläche. Nach kurzer Zeit jedoch beginnt die Frau – vorwurfsfrei – »nur« von sich zu erzählen: von ihren Sorgen, von ihren Ängsten vor ihm und von ihren Enttäuschungen – auch von ihren schönen Zeiten mit ihm. Schließlich bricht ihr ganzer Schmerz durch und sie weint, lange … Der Mann hört zu, völlig überrascht und fassungslos. Es ist ganz still im Raum geworden … Da nimmt der Mann die Hand seiner Frau, hält sie; etwas später gibt er ihr sein Taschentuch. Es ist, als begegneten sie sich ganz neu …

Die Frau blieb ganz bei sich – dadurch kam der Mann zu sich – und beide zueinander. Das beiderseitige ICHzen war längst keine bloße Technik mehr, keine Strategie, kein Absichtshandeln, sondern Begegnung von »Person zu Person«.

····⁝ **Training** ···

5 Führen Sie in der Gruppe ein Zweiergespräch. Immer, wenn Sie bei sich »DU-Formulierungen« feststellen (oder die »Zuschauer«), dann stoppen Sie (oder sie) das Gespräch und formulieren um: Drei Beispiele:

Zum Kollegen: »Mensch, das kannst Du doch so nicht sagen.«	»Ich bin da völlig anderer Meinung.«
Zur Schülerin: Du mit deinen verrückten Ideen.«	»Ich kann dir da jetzt überhaupt nicht mehr folgen.«
Zum Vater: Sehen Sie doch ein, dass Ihr Sohn hier am Gymnasium fehl am Platze ist!«	»Ich kann mich nur wiederholen: Den Leistungen nach ist Ihr Sohn hier am Gymnasium überfordert.«

6 Nun sind SIE dran (Oder: ICH mache jetzt Platz für Ihre Trainingsrunden):

(gewohnte) DU-Formulierungen	*ICH-Mitteilungen*
....	....
....	....
....	....

·· **Training** ⁝····

28 Verstehen und verstanden werden

Ziel: klären, wann und warum verstehen und verstanden werden gelingen

Wenn, wie erwähnt, in Beziehungen die Emotionen das wichtigste Band zwischen Menschen sind, dann kommt dem gegenseitigen Verstehen und dem Empathievermögen eine große Bedeutung zu:

Zwischen dem,
was ich denke,
was ich sagen will,
was ich zu sagen glaube,
was ich wirklich sage
und dem,

was du hören willst,
was du wirklich hörst,
was du zu verstehen glaubst,
was du verstehen willst,
was du wirklich verstehst,
gibt es mindestens neun Möglichkeiten,
sich nicht zu verstehen.

(Passagno)

···⬧ Training ··

1 Notieren Sie, was dieser Text in Ihnen auslöst: ....
....
....

2 Diskutieren Sie darüber mit anderen in der Gruppe über Möglichkeiten und Grenzen für das gegenseitige Verstehen:
....
....

·· Training ⬧···

Wenn ich diesen Text Semiarteilnehmern zu lesen gebe, dann bekomme ich durchgehend Zustimmung, ergänzt mit folgenden drei Mitteilungen:
- »Jetzt sag ich gar nichts mehr.« (eher locker gemeint)
- »Ich bin nur für den oberen Teil zuständig.« (mit Erleichterung)

- »Da muss ich nachfragen, um zu wissen, wie meine Botschaften angekommen sind.« (mit entspannter Erwartung)

Und manchmal ergänze ich:

Dieser Text zeigt mir, dass ich im Grunde alles (sozialverträglich) sagen kann, weil ich ja das »Ankommen« nicht in der Hand habe, sondern nur das Senden. Meine letzte Zeile würde lauten: ... *anders zu verstehen«.*

Denn: Wir haben kein »Du-hast-gesagt-Organ«, sondern nur ein »Ich-habe-gehört-Organ«. Menschen sind in ihrem Hören, also in ihrem Aufnehmen der Botschaften zwar geprägt, aber dennoch autonom. Deshalb können auch Reaktionen so ganz anders sein als erwartet, und insofern ist der Satz wichtig: »Sag mir bitte, wie meine Mitteilungen bei dir angekommen sind, damit ich weiß, wie ich in der Kommunikation fortfahren kann.«

> **Was ich gesagt habe, weiß ich erst, wenn ich die Antwort kenne. (N. Wiener)**

Beziehungen leben vom gegenseitigen Verstehen. Es besteht allerdings nicht darin, eine möglichst hohe Trefferquote der Gemeinsamkeit zu erreichen, sondern das jeweilige individuelle Verstehen mitzuteilen, es mit dem Gesagten des Senders zu vergleichen und Übereinstimmungen und Nichtübereinstimmungen festzustellen. Deshalb spreche ich nicht mehr von Missverständnissen, sondern vom »Andersverstehen«, seitdem ich folgenden Versuch unternommen habe:

Ich bat eine Person, mir etwas von sich zu erzählen. Ich nahm wahr, was ich von ihr hörte, sagte aber dann genau das Gegenteil – und sie meinte anschließend: »Ja, genau so habe ich es gemeint.«

Da war ich zunächst baff, bis mir ein »kommunikatives Licht« aufging ...

⋯⋮ Training ⋯⋯⋯⋯⋯⋯⋯⋯⋯⋯⋯⋯⋯⋯⋯⋯⋯⋯⋯⋯⋯⋯⋯⋯⋯⋯⋯

3 Ihr »Licht«, Ihr Kommentar zu diesem »Dialog«: ⋯⋯⋯⋯⋯⋯⋯⋯⋯⋯⋯⋯

⋯⋯⋯⋯⋯⋯⋯⋯⋯⋯⋯⋯⋯⋯⋯⋯⋯⋯⋯⋯⋯⋯⋯⋯⋯⋯⋯⋯⋯⋯⋯⋯⋯⋯⋯⋯⋯

⋯⋯⋯⋯⋯⋯⋯⋯⋯⋯⋯⋯⋯⋯⋯⋯⋯⋯⋯⋯⋯⋯⋯⋯⋯⋯⋯⋯⋯⋯⋯⋯⋯⋯⋯⋯⋯

Konsequenzen: ....

....

....

Verstehen heißt, in die Welt der anderen eintauchen – ohne jedoch den Kontakt zu sich selbst zu verlieren. »Ich verstehe dich« ist deshalb eine Mischung aus Eigen- und Fremd-wahrnehmungen. Bei den Milliarden Menschen, die alle ihre eigene Wirklichkeit haben, ist das »Andersverstehen« das Normale, vor allem dann, wenn unterschiedliche kultu-relle Welten aufeinander treffen. Wir haben keine Verfügung über die anderen, wie sie unsere Mitteilungen zu verstehen haben.

4 Beobachten Sie Menschen in Gesprächen und notieren Sie Reaktionen des Andersver-stehens (früher Missverständnisse genannt).

Gesprächsbeobachtungen *gehörte/selbst erlebte Sätze*	*Situationen/Reaktionen*
....	....
....	....
....	....

5 Führen Sie Gespräche, stoppen Sie immer dann, wenn Sie sich nicht verstanden gefühlt haben bzw. den Eindruck bei Ihrem Gegenüber hatten und suchen Sie gemeinsam nach den Ursachen des »*Anders*verstehens«.

Mitteilungen	*Antworten*	*Ursachen*
....	....	....
....	....	....
....	....	....

· **Training** ⁑···

> **Seitdem ich weiß, dass meine Botschaften so ganz anders verstanden werden (können), bin ich sehr vorsichtig mit meinen Ansprüchen und Erwartungen geworden.**

Gegenseitiges Verstehen ist immer Annäherung an die jeweilige Wirklichkeit der Beteiligten. Das Verstehen wird erleichtert, wenn Menschen eine gemeinsame Geschichte, gemeinsame Erfahrungen, eine gemeinsame Kultur haben, die einen relativ stabilen »Verständigungsrahmen« bilden. (Dies erklärt z. B. die Tatsache, dass interkulturelle Verständigung nicht nur semantisch bisweilen so schwierig ist.)

···⫸ **Training** ···

6 Besprechen Sie in der Gruppe Fälle schwieriger Verständigungen, auch die, in denen es zu keiner kam.

Schwierige Fälle	Lösungen, weil .../keine Lösungen, weil ...
....	....
....	....
....	....

·· **Training** ⫷···

Andere verstehen bedeutet jedoch nicht zwangsläufig, auch deren Verhalten und Handlungen zu akzeptieren, zumal wenn sie destruktiv sind. Ich *entkopple diese beiden Vorgänge bewusst*, wodurch mir der Zugang zu den jeweiligen Personen und das Verstehen leichter fallen.

Ein Junge rastete völlig aus, als er erfuhr, dass er das Klassenziel nicht erreichen würde, beschimpfte den Lehrer und zertrümmerte Stühle ... Der Lehrer konnte, zusammen mit einigen Mitschülern, weiteren Sachschaden verhindern, wartete ab, bis der Schüler sich beruhigte und sprach dann mit ihm über dessen Not(en)situation. Was ihm sichtlich gut tat. Am Ende jedoch wies der Lehrer deutlich auf den Sachschaden und die materiellen Folgekosten hin und forderte Wiedergutmachung ein ...

Gemeintes, Gesagtes und Gehörtes können sowohl eng beieinander liegen (= »Wie schön, dass du mich verstehst.«) als auch weit auseinander sein (= »So habe ich es überhaupt nicht gemeint.«). Verstehen ist deshalb *Haltung* und *Handlung* zugleich mit Merkmalen wie Echtheit/Ehrlichkeit, Interesse, Anteilnahme, Wertschätzung, Respekt, Akzeptanz, Zuhören.

29 Mitschwingen

Ziel: üben und die Wirkungen reflektieren

Ich hasse Staus, vor allem auf Autobahnen. Wieder einmal war es so weit: Meine Frau ertrug ihn geduldig und ich ärgerte mich maßlos und trommelte mit der Rechten auf mein Armaturenbrett, was meine Frau veranlasste, mit ihrer Linken mit zu trommeln mit der Bemerkung: »Is aber auch blöd für dich!«

Als ich einem Kollegen diesen Vorfall mitteilte meinte er: »Ja, die A6, einfach beschissen!«

In einer Gesprächsrunde erwähnte eine Kollegin, dass sie oft Kopfweh habe, woraufhin ein Kollege sich nach vorne beugte und sie fragte: »Spitz oder stumpf?«

Drei glänzende Beispiele, wie ich finde, die zeigen, was »Mitschwingen« bedeutet bzw. zum Ausdruck bringt, nämlich das *Erleben* des anderen aufgreifen, es »resonieren« – und es nicht nur stereotyp oder routiniert als bloßes »Ich verstehe dich« zurückgeben.

Das »Mitschwingen« als eine intensive Form des Verstehens

Meine Tochter sitzt am Schreibtisch, büffelt Mathe, kapiert's nicht und kratzt sich am Kopf. Ich komme hinzu, sehe ihr über die Schulter und kratze mich beim Lesen ebenfalls (unbewusst) am Kopf, worauf sie hochblickt und sagt: »Gell, jetzt kratzt du dich auch am Kopf.«

Mitschwingen durch nonverbale Kommunikation!

···❖ **Training** ···

1 Ich vermute, dass Sie selbst Erfahrungen gemacht haben, was das Mitschwingen betrifft, sei es als Sender oder als Empfänger.

O ja, nämlich als ...
- Sender/in: ....

....

....

- Empfänger/in: ....
....
....

Wir können nicht mit Sicherheit wissen, nachvollziehen oder verstehen, was andere Menschen wirklich empfinden und wie es ihnen geht, z. B. wenn sie Zahnschmerzen haben, verliebt sind, Angst erleben oder Fantasien entwickeln. Aber wir können, auf Grund der eigenen Erfahrungen, »mitschwingen« und uns den anderen mit unseren Empfindungen und Gefühlen nähern, *verbal und nonverbal*. Diese werden durch verschiedene Aktivitäten so zum Ausdruck gebracht, dass sie der Empfänger mit seinen Sinnen wahrnehmen kann, sie also *spürt* und somit Verständnis *erlebt* und sich verstanden *fühlt*.

Ich besuche eine Schule und sehe im Schulhof auf einer Bank einen Jungen sitzen, der auf mich einen alleingelassenen Eindruck macht. Ich gehe langsam auf ihn zu und setze mich auf das andere Ende der Bank, in seiner Körperhaltung – leicht nach vorne gebeugt, auf den Boden blickend. Nach einiger Zeit sehe ich, dass er mehrmals zu mir herüberblickt; ich reagiere ebenfalls mit Blicken. Unvermittelt sagte er plötzlich: »Sie schauen auch auf Boden, wie ich.« Und es entwickelt sich ein kurzes Gespräch mit ihm … Etwa zwei Jahre später komme ich wieder in diese Schule, überquere den Schulhof während der Pause. Ein Junge kommt auf mich zu, fragend: »Kennen Sie mich noch?« »Nee«, erwidere ich und bleibe stehen. »Ich bin der von damals auf der Bank mit Ihnen …«

Nicht die Fakten bleiben in erster Linie in Erinnerung, sondern die Begegnung von Person zu Person. Bei ihm die Erinnerung: Da ist neben mir, auf gleicher Höhe, ein Erwachsener gesessen und hat mir zugehört.

Die Begleiterin schlechthin bei »Mitschwingvorgängen« ist die Empathie, worunter man das Einfühlungsvermögen in andere und das Mitfühlen mit anderen versteht. Ich unterscheide allerdings zwischen Einfühlung in sich selbst und Mitfühlen mit anderen. Bei der Empathie werden eigene Gefühle ausgelöst, die dann gleichsam die Brücke zu den Gefühlen der anderen bilden. Neurowissenschaftler haben herausgefunden, dass dabei die sog. Spiegelneuronen eine wichtige Rolle spielen: In einem Spiegelneuron werden die gleichen Aktivitätsmuster beim Zuschauer/Betrachter erzeugt wie beim (beobachteten) Ausführenden.

Wir kennen das: Wir lachen »automatisch« mit, wenn andere lachen: »Lachen steckt an.« Wir gähnen mit. Trainer machen die Bewegungen ihrer Schützlinge automatisch/unbewusst nach: Sie springen mit den Hochspringern hoch (und können nicht auf ihren Stühlen sitzen bleiben); wenn ihre Boxerschützlinge Schläge bekommen, so tun ihnen diese selbst weh. Wir verziehen das Gesicht, wenn andere in eine saure Gurke beißen, den Zahn gezogen bekommen, rutschen tiefer in den Sessel, spüren eigenen Schmerz. Wir weinen mit, wir fühlen mit, wir leiden mit. Wir empfinden, »als ob« wir es selbst erlebten.

⋯⬦ Training ⋯⋯⋯⋯⋯⋯⋯⋯⋯⋯⋯⋯⋯⋯⋯⋯⋯⋯⋯⋯⋯⋯⋯⋯⋯⋯⋯⋯⋯⋯⋯

2 O ja, das kenne ich auch, das »als ob ...«: _____
_____
_____

> **Wenn wir mehr verstehen und mitschwingen würden, müssten wir nicht so viel argumentieren.**

3 Üben Sie das Mitschwingen in der Gruppe. Die einen sagen einen Satz (mit kurzer Kontexterläuterung), die anderen antworten »mitschwingend«. Anschließend Besprechung.

Ich gebe vier Beispiele vor:

Julia, 7 J., spielt »Mensch ärgere dich nicht« und wird letzte, worauf sie die Männchen von der Spielfläche schubst.	*Ihr Vater* (mit Anteil nehmender Stimme): »Jetzt hast du das Spiel umgetauft in: Mensch, ärgere dich!«
Ein Schüler wirft voller Wut ein Arbeitsblatt auf den Boden.	*Der Lehrer:* »Wohl nicht dein Tag heute, was?«
Sohn/Tochter: »Das Abi schaff ich ja doch nicht.«	*Mutter/Vater:* »Ist aber auch eine extreme Bergbesteigung ...«
Ein Schulleiter: »Wenn nur schon das Gespräch mit den Eltern vorbei wäre.«	*Sein Stellvertreter:* »Ein Gefühl wie beim Zahnarzt.«

Schüler/Schülerin:

_____   _____
_____   _____

Kollege/Kollegin:

_____   _____
_____   _____

Vater/Mutter:

....
....

Sekretärin/Hausmeister:

....
....

.... Training ⋮⋯

Hinweis: Mitschwingen kann allerdings vom Empfänger auch als Nachäffen oder »verarscht werden« empfunden werden, je nach Situation, Stimmung oder Beziehung zum Sender. Vieles ist möglich!

Mitschwingen – im wahrsten Sinn des Wortes:

Ein Fußballer drischt voller Zorn auf eine Papptonne.	*Sein Trainer drischt auf eine daneben stehende.*
Carmen tanzt nach der Sportstunde noch alleine in der Halle.	*Eine Lehrerin kommt hinzu, fragt, ob sie mittanzen dürfe – und plötzlich entsteht ein Pas de deux.*
Herr F., liegt im Krankenhaus. Er hat große Schmerzen. Um sie zu verringern, summt er eine Melodie.	*Als die Krankenschwester ins Zimmer kommt und ihn hört, summt sie mit. Lächelnd wendet Herr F. sich ihr zu.*

⋯⋗ Training ....

Vielleicht haben Sie auch solche Erfahrungen gemacht, wie ich sie soeben beschrieben habe, nämlich nonverbales Mitschwingen:

4

Die Situation	*Meine Reaktion*
....	....
....	....
....	....

.... Training ⋮⋯

30 Die Kunst des Zuhörens und Redens

> Ziel: Dialoge üben und herausfinden, wann Reden und Zuhören stimmig sind

Kennen Sie das »Zuliefererspiel«? Falls nicht, es sieht so aus:
Zwei Personen begegnen sich:

A: *»Du, stell dir vor, ich war jetzt eine Woche auf Kreuzfahrt.«*
B: *»Kreuzfahrten hasse ich; da sind mir zu viel Leute.«*
A: *»Ich mag viele Leute. Da hab ich viel Abwechslung.«*
B: *»Ich bin lieber allein, da hab ich meine Ruhe.«*
A: *»Seitdem ich im Ruhestand bin, kann ich endlich machen, was ich will.«*
B: *»Das kann ich nicht. Ich muss mich um meine drei Enkel kümmern.«* Usw.

»Zulieferer« heißt das Spiel deswegen, weil der eine für den anderen nur Zulieferer ist für die eigenen Mitteilungen. Es findet kein *Zuhören* statt, sondern nur ein Hören, ein Abpassen des günstigen Stichworts, kein Dialog, sondern ein Monolog zu zweit.

····⁚ **Training** ··

1 Beobachten Sie Gespräche und stellen Sie fest, ob es sich um »Zuliefferergespräche« oder um Dialoge handelt. (Für mich sind sie beispielsweise während Zugfahrten als unfreiwilliger »Hinhörer« eine wahre Fundgrube für solche Arten von verbalem Nebeneinander.)

2 Reflektieren Sie eigene Gespräche dahingehend, ob Sie Zulieferer für andere sind; ob Sie Mitteilungen anderer »benützen«, um selbst laufend zu Wort zu kommen, oder ob Sie Dialoge führen als »Ping-Pong- Spiele«.

Erkenntnisse ...   *und Schlussfolgerungen*

....
....
....

··· **Training** ⁚····

Die »Kunst des Zuhörens und Redens« besteht aus folgenden vier Kommunikations-elementen:

1. wahrnehmen, wer zu reden beginnt und wer zuhört
2. spüren, wie lange Reden und Zuhören sinnvoll und möglich sind
3. empathisch für sich selbst sein im Reden und Zuhören
4. empathisch für den/die anderen sein im Zuhören und Reden.

····❖ **Training** ··

3 Führen Sie Gespräche und beachten Sie bei sich diese vier Elemente (ggf. mit Hilfe von Dritten als Beobachter).

Ergebnis: ....
....
....
....

··· **Training** ❖····

Exkurs: Aktives Zuhören

Weil Reden, Zuhören und Rückmeldung wichtige Bestandteile in Gesprächen sind, hat sich der Begriff »aktives Zuhören« etabliert. Man versteht darunter im Dialog die Vergewisserung über das Gesagte und Gehörte: Ist das, was du sagst, auch das, was ich höre (verstärkt durch verbale und nonverbale Signale)?

Durch das sog. aktive Zuhören erhöht sich die Wahrscheinlichkeit, dass Gesagtes und Gehörtes sich annähern (auch wenn wir nur ein »Ich-habe-gehört-Organ« und kein »Du-hast-gesagt-Organ« haben). Die Gefahr beim aktiven Zuhören besteht allerdings darin, dass die Zuhörenden es nur als Technik verstehen:

Ein Teilnehmer in einem Seminar für Beratungslehrer »übte« in einem Rollenspiel das Paraphrasieren (= Wiederholen des Gehörten). Nach einiger Zeit unterbrach ihn die zu Beratende und fragte: »Sag' mal, warum äffst du mich denn immer nach? Du wiederholst ja nur, was ich sage.«

Wie schwer es doch ist, eine Balance zu finden zwischen echtem Ausdruck des Verstehens und bloßer gelernter Technik!

Ich selbst habe mich vom sog. »aktiven Zuhören« verabschiedet: Statt dem aktiven Zuhören bevorzuge ich das konzentrierte Hören: statt dem (oft praktizierten) »*Heraus*hören« *höre* ich, was andere konkret sagen und spreche mit ihnen darüber. Was Menschen »heraus«-hören, sind meist nichts anderes als ihre eigenen Vorstellungen und Fantasien. Beispiele:

Gehörtes	Herausgehörtes
Mir geht's heute ganz schlecht.	Du siehst die Welt ziemlich grau.
Am liebsten würde ich davonlaufen.	Du ergreifst also die Flucht.
Ich könnte jubeln.	Du möchtest die Welt umarmen.

Es ist also wichtig zu unterscheiden zwischen dem, was man *sinnlich wahrnimmt* (= was ich sehe, höre, rieche …) und dem, was man »heraushört« bzw. *interpretiert* (= eigene Fantasien) – und eventuell auch, wie die Personen auf einen *wirken* (= müde, gelangweilt, konzentriert …)

Ein Mädchen (9. Klasse) ist während des Unterrichts »eingenickt«, woraufhin es der Lehrer anfährt: »Hör zu pennen auf! Hast wohl die Nacht mit deinem Freund verbracht!« – Das Mädchen beginnt zu weinen … Von den Kameradinnen erfährt er, dass die Mutter des Mädchens im Krankenhaus liegt und das Mädchen am Wochenende ihren Vater und ihre beiden jüngeren Geschwister im Haushalt versorgt hat …

So schnell können Verletzungen geschehen, wenn man vorschnell bewertet.

> **Die größten Verletzungen in der zwischenmenschlichen Kommunikation geschehen durch die Gleichsetzung und Vermischung von Beschreibung und Bewertung.**

····❖ **Training** ···

4 Beobachten Sie Personen und trennen Sie strikt: (1) Was sehe, höre … ich; (2) wie wirkt die Person auf mich; (3) was vermute, fantasiere, interpretiere ich …

Meine Erkenntnisse: ....

....

....

··· **Training** ❖····

Die Rückmeldung an eine Person geschieht dann auch strikt getrennt: Ich habe gesehen, von dir gehört ...; du hast auf mich gewirkt ...; ich habe den Eindruck ...; ich vermute ...; ich hab folgende Fantasien ...

> Ich glaube, das größte Geschenk, das ich von jemandem bekommen kann, ist, dass er mich sieht, mir zuhört, mich versteht und mich berührt. Das größte Geschenk, das ich einem anderen Menschen machen kann, ist, ihn zu sehen, ihm zuzuhören, ihn zu verstehen und ihn zu berühren. Wenn das gelingt, habe ich das Gefühl, dass wir uns wirklich begegnet sind. (V. Satir)

···❖ Training ···

5 Schätzen Sie sich bitte selbst ein: Ich als Zuhör- und Redekünstler:

- ☐ Ich höre lieber zu als zu reden.
- ☐ Ich rede lieber als zuzuhören.
- ☐ Ich bin ein (ausgewogener) Mischtyp.
- ☐ Reden ist für mich leichter als zuzuhören.
- ☐ Zuhören ist für mich leichter als reden.
- ☐ Wenn ich mal ins Reden komme, bin ich kaum mehr zu bremsen.
- ☐ Ich ....

6 Und nun: Andere befragt, wie diese mich einschätzen, antworten:

....

....

Meine Schlussfolgerungen, meine Vorhaben/Vorsätze:

....

....

··· Training ❖···

> Zuhören und Reden: eine Kunst

Ich wünsche Ihnen künstlerisches Gelingen bei Ihren Gesprächen.

31 Gleich zur Sache kommen?

Ziel: lernen, wann Sachen und Beziehungen Priorität haben

Dieses Zuhören und Reden ist gar nicht so einfach. Die Erfahrung zeigt, dass »gleich zur Sache kommen« nicht immer günstig ist:

Ein Schüler, total frustriert wegen einer schlechten Note, knallt sein Heft auf das Pult, dreht dem Lehrer den Rücken zu – und bekommt zur Antwort: »Knallen nützt nichts, sondern besser Lernen.«

Auf eine Emotion reagiert der Lehrer verbal sachlich. Seine eigene Emotion teilt er nicht mit.

Der Psychologe F. Schulz von Thun (2008) hat herausgefunden (jedoch nicht *er*funden!), dass Menschen im »kommunikativen Ping-Pong-Spiel« (mindestens) vier Seiten, offen oder versteckt, mitteilen, und zwar:

- die Selbstmitteilungsseite = was Menschen von sich selbst mitteilen
- die Beziehungsseite = wie sie zu anderen stehen
- die Sachseite = worüber sie informieren
- die Appellseite = welche Erwartungen, Wünsche sie haben

Mir ist es einmal passiert, dass ich einem kleinen Jungen versehentlich auf den Fuß getreten bin. »Auuuuuh!«, ruft er (Selbstmitteilungsseite). Dabei schaut er mich finster an (Beziehungsseite), deutet auf seinen Fuß (Sachseite) und sagt energisch zu mir: »Das machst nimmer!« (Appellseite)

Ein glänzendes Bespiel für vierseitige authentische Reaktion.

⋯⟩ Training ⋯⋯⋯⋯⋯⋯⋯⋯⋯⋯⋯⋯⋯⋯⋯⋯⋯⋯⋯⋯⋯⋯⋯⋯⋯⋯

1

Beobachten Sie Gespräche und »entdecken« Sie die einzelnen Seiten der Gesprächspartner. Ich gebe ein Beispiel vor:
Der Schulleiter kommt ins Lehrerzimmer und sagt: »Meine Damen und Herren, es hat geklingelt.« Vierseitig gesagt, könnte das bedeuten:
Selbst: Ich hasse Unpünktlichkeit.
Beziehung: Ich ärgere mich über Sie, weil Sie nicht in den Unterricht gehen.
Sache: Der Unterricht nach der Pause beginnt um 10.35 Uhr.
Appell: Bitte gehen Sie in Ihre Klassen!

Wären Sie Kollege/Kollegin: welche Seite(n) würden Sie als Antwort mitteilen?

Selbstmitteilung: ....

Beziehung: ....

Sache: ....

Appell: ....

2 Notieren Sie Ihre Beobachtungen, Ihre Erkenntnisse:

....

....

.... Training ⋮⋯

Von der Einseitigkeit zur Vierseitigkeit

Es ist sinnvoll, *alle* vier Seiten mitzuteilen, um selbst klar zu kommunizieren und dadurch den anderen wenig »Raum« für Vermutungen und Fantasien zu überlassen, denn daraus bildet sich der Nährboden für Unklarheiten. Schulz von Thun (2008), von dem dieses Vier-Seiten-Modell stammt, nennt es deshalb auch *Klärungsinstrument* in zwischenmenschlichen Beziehungen. Es ist – vor allem in Konfliktsituationen – sehr hilfreich, um Störungen in Gesprächen rascher wahrzunehmen, zu analysieren und zu beheben mit dem Ziel, aus der Einseitigkeit des Sendens und Empfangens herauszukommen und vierseitig zu reden.

Sie haben in Gesprächen nun die Wahl: nur eine *Nachricht* zu senden – und dem anderen dadurch die Interpretation Ihrer vier Seiten zu überlassen; nur *eine Seite* mitzuteilen (Selbst, Beziehung, Sache oder Appell) und es den anderen zu überlassen, die drei anderen zu vermuten; oder *alle vier Seiten* mitzuteilen und dadurch für Klarheit Ihres Sendens zu sorgen: Vier Seiten zu wissen ist besser als nur eine.

⋯⋮ Training ....

3 Führen Sie Gespräche in der Gruppe, in denen Sie mehrere Seiten Ihrer Nachrichten mitteilen. Anschließend Analyse und Erkenntnisse:

....

....

....

.... Training ⋮⋯

Ein Schauspieler berichtet seinem Freund ausführlich über seine Premiere. Nach einiger Zeit stoppt er und sagt: »Jetzt hab ich so lange von mir geredet. Sag, wie hab' ich DIR denn gestern gefallen?«

Die Praxis:

Die einen bevorzugen mehr die Sachseite (z. B. Wissenschaftler, Juristen), die anderen mehr die Appellseite (z. B. Eltern, Lehrer, Polizisten), andere wiederum mehr die Beziehungsseite (z. B. Ärzte, Pflegepersonal) und manche nur die Selbstmitteilungsseite (vielleicht Narzissten oder Egoisten …?) – und schließlich die, die mit allen vier Seiten gekonnt jonglieren und je nach Bedarf die entsprechenden »Register« ziehen:

····❖ **Training** ···

4 Innenansicht: In den meisten Gesprächen bevorzuge ich die ....-Seite.

5 Außenansicht:

Menschen, die ich kenne,   *bevorzugen folgende Seite(n):*

....

....

....

> **Wie auch immer, im Hören wie im Reden: Wir sind auf verschiedenen Seiten zu Hause!**

··· **Training** ❖····

Beispiele für »vierseitiges Ping-Pong« (wobei nicht immer alle auf einmal aktiviert werden):

a) Eine Schülerin sagt: »Ach, ich kapier' das ja doch nie.« (Selbstmitteilung) Lehrer A antwortet: »Jammere nicht und arbeite weiter!« (Appell) Lehrer B fragt: »Kann ich dir helfen?« (Beziehung)

b) Ein Kollege sagt: »Ich bin so aufgeregt. Morgen kommt der Schulrat.« (Selbst, Sache) Eine Kollegin antwortet: »Nimm's nicht so tragisch!« (Appell)

c) Eine Lehrerin sagt: »Ich bin gern bei euch in der Klasse.« (Selbst, Beziehung) Die Schüler/Schülerinnen strahlen sie an. (Beziehung)

d) Am Schwarzen Brett hängt ein Blatt mit der Überschrift: Wer möchte in einer Methodentraining-AG mitmachen? (Sachfrage) – Am anderen Tag ist darunter gekritzelt: Alle die, die überflüssige Zeit haben! (Ironische Bemerkung als versteckte Selbstmitteilung)

e) Ein Schulleiter sagt: »Bitte kümmern Sie sich um die organisatorischen Dinge! Ich habe dafür keine Zeit.« (Appell, Selbst) Die Sekretärin antwortet: »Ja, ich mache das gern für Sie.« (Selbst, Beziehung).

Fazit

Vierseitig reden und vierseitig hören erhöht die Sensibilität für Gespräche, das gegenseitige Verstehen wird leichter und selbstverständlicher, Nachrichten kommen besser an und die Kommunikation wird klarer.

····· Training ··

6 Besprechen Sie in der Gruppe die o. g. Beispiele und stellen Sie fest, welche Antworten »stimmig« und verstehend sind:
Die Nr. ...., weil ....
....

Und welche eher blockierend:
Die Nr. ...., weil ....
....

Wenn also Klärungsbedarf besteht: Vier Seiten mitteilen, vier Seiten hören, vierseitig adäquat antworten.

7 Trainieren Sie in der Gruppe Gespräche mit dem Ziel, durch die Anwendung der vier Seiten klar und verstehend zu kommunizieren:
Ergebnis, Konsequenzen: ....
....
....

··· Training ·····

32 Der *Körper* spricht auch

Ziel: sich der Bedeutung der nonverbalen Kommunikation bewusst sein und sie authentisch einsetzen

Sie sehen (als Mann) Nachrichten, die eine für Sie sehr attraktive Frau vorträgt. Da Sie – nachweislich – zuerst auf ihr Äußeres sehen, nehmen Sie den Informationsgehalt erst nach einigen Sekunden wahr.

Beziehung vor Sache!

Als Lehrer oft erlebt: Kaum habe ich das Klassenzimmer betreten, fragt mich A: »Herr Miller, waren Sie beim Frisör?«; B sagt: »Sie haben eine neue Hose an«, C meint: »Ihre Schuhe sind nicht geputzt« …

Das Sehen kommt zuerst, dann erst das Reden.

Jedes Mal, wenn ich meiner Nachbarin, Frau H., begegne, taxiert sie mich von Kopf bis Fuß und beginnt dann erst ein Gespräch mit mir. Von meiner Seite aus also gleich »mit der Tür ins Haus zu fallen«, hätte keinen Sinn.

Bevor Frau H. mit mir redet, nimmt sie mich visuell wahr. Bei der Vermittlung von Botschaften seitens des Empfängers wird die Aufmerksamkeit zuerst auf das Äußere, das WIE (sieht er/sie aus?) und dann erst auf den Inhalt das WAS (hat er/sie gesagt?) gerichtet.

····⟩ Training ···

1 Sie begegnen einem Schüler, einer Schülerin, Kolleginnen, Kollegen … Was nehmen Sie zuerst wahr: Äußeres, Bewegungen, Gesagtes – und was behalten Sie davon?

Notizen/Schlussfolgerungen: ....

....

··· Training ⟨····

Empirische Untersuchungen haben ergeben, dass der Anteil der nonverbalen Kommunikation (NVK) innerhalb der gesamten menschlichen Kommunikation etwa 75 % bis 80 % beträgt. Die Gründe dafür liegen in unserer Evolutionsgeschichte:

Die vorsprachliche Kommunikation war für das Leben, Zusammenleben und Überleben von größter Bedeutung. Die Verständigungszeichen haben sich (über die Muskeltätigkeit) äußerst verfeinert und stark ausgeprägt, um beispielsweise Nähe oder Ferne, Zuwendung oder Ablehnung, Freundlichkeit oder Bedrohung, Angriff oder Flucht zu signalisieren.

Signale …	*und ihre Bedeutung*
Augenstellung/Blickkontakt	von offen bis geschlossen (positive oder negative Bekräftigung)
Stimme/Sprechweise	von laut bis leise, hoch bis tief (inneres Erleben) hell bis dunkel, langsam bis schnell (Stimmung/Bewertung)
Körperhaltung	von aufrecht bis zusammengesunken (innere Haltung)
Gestik	von ruhig bis heftig (Unterstützung des Inhalts, der Stimmung)
Gang, Position der Beine	von langsam bis rasch, von geschlossen bis offen (Standfestigkeit, Beweglichkeit)

Eine Geste sagt oft mehr aus als hundert Worte.

Auch wenn es bestimmte Erfahrungen und Konventionen bezüglich der NVK gibt (z. B. verschränkte Arme signalisieren, angeblich, Verschlossenheit), so ist es doch äußerst problematisch, die wahrgenommenen Signale des Senders zu »schubladisieren«. (Weil du …, deshalb …). Es hat sich immer wieder erwiesen, dass die Botschaften zu individuell und komplex sind, als dass sie mit *Sicherheit* entschlüsselt werden könnten. (= So ist es, oder so meint es der/die andere.) Deshalb sind folgende Schritte angemessen und fair:

a) subjektive Wahrnehmung der nonverbalen Äußerungen
b) subjektive Deutung/Interpretation
c) Nach-/Rückfrage/Vergewisserung, Klärung im Dialog (= Stimmen meine Wahrnehmungen mit deiner Wirklichkeit überein?)

2

Beobachten Sie eine Person, *beschreiben* Sie, was diese nonverbal tut und *interpretieren* Sie die Verhaltensweisen:

Meine Beobachtungen   *Meine Interpretationen*

Blicke: ....

....

Mimik: ....

....

Gestik: ....

....

Körperhaltung: ....

....

3

Die Person wird auch von anderen in der Gruppe beobachtet, beschrieben und deren Körpersprache interpretiert; anschließend Vergleich der Notizen.
Ergebnis: ....

....

....

4

Nun die Rückmeldung der *beobachteten* Person einholen.

....

....

5

Anschließend werden die Interpretationen und die Intentionen aller Beobachtenden mit der Rückmeldung der beobachteten Person verglichen: Übereinstimmungen, Unterschiede ... Ergebnisse, Schlussfolgerungen:

....

....

Übrigens: Es gibt keine falschen Interpretationen. Interpretationen sind so, wie sie sind. Deshalb ist auch die Frage: »Habe ich Sie falsch interpretiert?« falsch. Die Interpretationen können allerdings mit der Wirklichkeit des Gesprächspartners übereinstimmen, nahe an ihr oder sehr weit davon entfernt sein.

Die Medienbranche und die Werbung haben sich schon längst die Erkenntnisse der NVK zunutze gemacht. In der Schule stecken wir noch in den Kinderschuhen: Die *Rede*anteile von Lehrerinnen/Lehrern sind extrem hoch. Die nonverbalen Mitteilungen werden zu wenig bewusst wahrgenommen und »interaktiv« genutzt, ebenso der Einsatz von visuellen und taktilen Methoden.

Konsequenzen für die Kommunikation

- Die verbale und nonverbale Kommunikation in einer ausgewogenen Balance halten
- Die *Rede*anteile im Unterricht reduzieren
- Als Lehrerin/Lehrer auch *Schau*-Spieler/in sein
- Den Augen zum Sehen und den Ohren zum Hören Zeit lassen – und sich erst dann an den Verstand wenden
- Beobachtungen, Beschreibungen und Interpretationen strikt trennen

Szenario

In Seminaren und Kursen zeige ich, wie wichtig diese Trennung ist:

Ich sitze vor der Gruppe und bitte die Teilnehmenden zu notieren, was sie sehen, wenn sie mich anschauen (gebeugt, Kopf nach unten gesenkt, Hände auf dem Schoß …). Nach etwa einer Minute bitte ich um Rückmeldung, die immer gleich ausfällt, und zwar, wie ich auf sie wirke (gedankenverloren, abwesend, traurig, müde …) und was sie fantasieren/interpretieren (hat keine Lust, langweilt sich, will keinen Kontakt …). Die wenigsten beschreiben, was sie sehen (Kopf nach unten gesenkt usw.).

Den Teilnehmenden wird durch diese Übung sehr bewusst, wie häufig (und rasch) sie interpretieren und wie wenig sie beschreiben, was sich bisweilen fatal in zwischenmenschlichen Beziehungen auswirken kann:

Herr N. wartet vor der Schule im Auto auf seine Frau und sieht, wie sie, aus dem Schulgebäude kommend, einen Kollegen umarmt. Er ist stocksauer und stellt sie zur Rede. Sie wiederum, vollkommen konsterniert, sagt zu ihm, dass sie ihren Beförderungsbescheid bekommen hätte und dem Kollegen voller Freude um den Hals gefallen ist …

Das eine ist die Beobachtung, das andere die Interpretation.

> Beobachtung, Beschreibung und Interpretation trennen, um u.a. Beziehungsstörungen zu vermeiden

33 Elektronisch kommunizieren

> Ziel: elektronische Kommunikation in die Gesamtkommunikation angemessen integrieren

Unlängst sah ich einen mir bekannten Jungen in der Multi-Media-Abteilung eines Kaufhauses, in der er mit Freunden am Computer mit Spielen beschäftigt war. Sie konzentrierten sich auf den Bildschirm. Beziehungen zwischen ihnen, außer mehrmaligen Blickkontakten, konnte ich nicht feststellen. Auf meine Frage zu diesem Verhalten bekam ich von dem Jungen eine für mich zwar überraschende, aber auch interessante Antwort: »Alleine dorthin hingehen und spielen macht keinen Spaß.«

Kontakte über das Medium PC, aber kaum direkte Beziehungen zueinander.

⋯⟩ Training ⋯⋯⋯⋯⋯⋯⋯⋯⋯⋯⋯⋯⋯⋯⋯⋯⋯⋯⋯⋯⋯⋯⋯⋯⋯⋯⋯⋯

1 Je nach Erfahrung und Gewohnheit: wie war das jetzt für Sie, als Sie diese Begebenheit lasen oder dabei an ähnliche Beispiele dachten? Haben diese Konsequenzen für Ihre Beziehungen und Art der Kommunikation?
Bemerkungen: ....
....

⋯⋯⋯⋯⋯⋯⋯⋯⋯⋯⋯⋯⋯⋯⋯⋯⋯⋯⋯⋯⋯⋯⋯⋯⋯⋯⋯⋯ Training ⟨⋯

Was haben die Körpersprache und die elektronische Kommunikation gemeinsam? Die Vielfalt der Mitteilungsmöglichkeiten. Was macht den Unterschied aus? Es ist die Unmittelbarkeit, die fehlt: berühren, riechen, schmecken; jemanden in den Arm nehmen oder selbst in den Arm genommen werden; seine Tränen trocknen; den Atem hören, den Schweiß abwischen; jemanden pflegen; am Krankenbett sitzen …

Bei der elektronischen Kommunikation befinden sich die Menschen nicht in der unmittelbaren Welt der Begegnung von Person zu Person. Dadurch bleiben Sinne auf der Strecke und es kann eine Atrophie der Sinnlichkeit bis hin zur Sinnleere entstehen.

Das persönliche Miteinanderreden gerät dann ins Hintertreffen, wenn die zwischenmenschlichen Begegnungen fehlen. Viele Menschen gleichen sie allerdings in anderen Bereichen, durch andere Formen des Sozialkontakts aus: Events, Reisen, gesellschaftliche Ereignisse, Vereinsarbeit, Sport. Es ist bedauernswert, sollten die elektronischen Kommunikationsmittel die zwischenmenschlich realen Beziehungen überlagern und diese nur noch als Ergänzungen betrachten.

Ferner kann es sein, dass die direkte Ping-Pong-Kommunikation zu einer Einwegkommunikation und damit Nur-Information schrumpft, sich als Torso zeigt und auch so erlebt wird.

···⫶ **Training** ···

2 Diskutieren Sie diese Problematik in der Gruppe, im Kollegium, auch in Klassen und ziehen Sie Schlussfolgerungen für Ihre Arbeit in der Schule:

● für mich persönlich: ....
....

● für mich als Lehrperson: ....
....

● für mich in der Beziehung zu Schülern/Schülerinnen und Kollegen/Kolleginnen:
....

● für meine Kontakte und Beziehung zu den Eltern:..
....

·· **Training** ⫶···

Die breite Palette der elektronischen Kommunikation ist auf der einen Seite faszinierend, bietet schier ungeahnte Möglichkeiten, sich zu informieren, sich gedanklich auszutauschen, den Fantasien freien Lauf zu lassen, visuelle Kontakte zu pflegen und sich medial (!) zu begegnen.

Auf der anderen Seite beinhaltet sie aber auch eine Reihe von Verhaltens- und Handlungsweisen von Menschen, die schädlich für sie selbst oder für andere sein können: Dauerkontakte mit dem Bildschirm (über viele Stunden Tag und Nacht) reduzieren direkte persönliche Begegnungen und führen u. U. zur Isolation. Aus Zeitgründen werden rasch E-Mails abgesendet (u. a. via CC), die in ihrer Fülle schier »erschlagen«. Anonymität in Form von sich verstecken, sich unkontrolliert auskotzen, andere ungestraft verbal oder visuell diskriminieren ermöglicht zwar totales Outen (und totales Geoutetwerden!), verhindert aber direkten Kontakt der Betroffenen zu den Sendern sowie unmittelbare Auseinandersetzung untereinander. Sie öffnet Tür und Tor für verbalen und visuellen Missbrauch mit hohem Aufforderungs- und Nachahmungscharakter.

Meine Meinung dazu: ....

....

Und schließlich kann Kontaktarmut zu gravierenden Folgen führen: Es entwickelt sich kein Gespür mehr für unmittelbare Erlebnisse, Empfindungen und Gefühle. Sexualität wird als Zuschauen und nicht als Beteiligung erlebt; dadurch wird sie zur bloßen Funktionalität reduziert. *Selbst*-Erfahrungen sinnlicher Lust und vitaler Zwischenmenschlichkeit finden nicht statt.

Meine Erfahrungen: ....

....

····⟫ **Training** ···

3

In der Gruppe werden Ihre Erfahrungen und Meinungen und die der anderen gesammelt, diskutiert und strukturiert.

4

Vereinbaren Sie Ziele und entsprechende Handlungen für Ihren Schulalltag (Diskussionsforen, Projekttage, Aktionen in verschiedenen medialen Formen).

> Thema: Wie wir in der Schule mit »Internet und Co.« umgehen

·· **Training** ⟨····

Was Sinn macht

Die technischen Innovationen mit ihren elektronischen Medien verantwortlich und sozialverträglich nutzen und benutzen; Übernutzungen vermeiden; nach online wieder offline sein; sich der möglichen Gefahren und Missbräuche bewusst werden; prophylaktisch handeln und dagegen steuern, wo Schädigungen und Beschädigungen aufgetreten sind oder auftreten.

···⟩ **Training** ···

5 Selbstreflexion: Haben Sie den Eindruck, dass Sie in einer »dynamischen Balance« sind, was Ihre persönliche und elektronische Kommunikation betrifft – oder geraten Sie bisweilen in »Schieflage«?

···

···

···

6 Was ist Ihnen als Lehrer/Lehrerin persönlich am wichtigsten in Ihren Beziehungen zu den Kollegen/Kolleginnen und den Schülern/Schülerinnen im Hinblick auf die mediale Wirklichkeit?

Notiz: ··

Am meisten macht mir Sorge: ···

Deshalb werde ich ··

···

··· **Training** ⟨···

Es ist schon fast 50 Jahre her: Ein Mädchen bringt nach Weihnachten in den Kindergarten eine Schallplatte mit Märchen mit und sagt zur Kindergärtnerin, sie möge eines davon selber erzählen. »Warum das?«, fragt sie das Mädchen und bekommt zur Antwort: »Der Schallplatte kann ich mich ja nicht auf den Schoß setzen!«

Und mit dem PC kann man nicht schmusen …

Exkurs: didaktische Paradigmenwechsel

Die digitale Revolution ist noch nicht sehr alt, und dennoch hat sie bereits in den Schulen erhebliche Auswirkungen, nämlich Veränderungen der

- persönlichen Entwicklung der Lehrenden und Lernenden,
- emotionalen und rationalen Verfasstheit der Menschen,
- zwischenmenschlichen Beziehungen und Kommunikationen,
- traditionellen Wissensvermittlung und des Wissenserwerbs,
- herkömmlichen Didaktik und Methodik,
- bisherigen Vorstellungen von Unterricht und Schule.

> Diskutieren Sie in der Gruppe diese didaktischen Paradigmenwechsel.

34 Über die Fragwürdigkeit von Fragen

Ziel: Fragehaltung und Frageverhalten überprüfen

Unterrichtsbeobachtung, 11. Klasse Gymnasium: *Frontalunterricht: 32 Minuten Lehrerinformationen, 125 Lehrerfragen, 82 Schülerantworten, keine Schülerfragen.*
Lehrerinnen/Lehrer zu Schülerinnen/Schülern:
»*Warum kommst du denn schon wieder zu spät?*«
»*Warum hast du keine Hausaufgaben gemacht?*«
»*Warum hast du den Peter geschlagen?*«
»*Warum bist du gestern nicht ins Training gekommen?*«

Der fragend-entwickelnde Unterricht, die Lehrerfragen und die Beziehungsfragen begleiten mich mein ganzes Schüler- und Lehrerleben – und darüber hinaus: *als Schüler/Schülerin*: gefragt, abgefragt, ausgefragt, kontrolliert; *als Lehrer/Lehrerin*: fragend, abfragend, ausfragend, kontrollierend.

Meine »Frage-Erfahrungen«:
Damals als Schüler/Schülerin: ....
....

Heute als Lehrer/Lehrerin: ....
....

Als *Kommunikationswissenschaftler* bin ich grundsätzlich am Phänomen FRAGE interessiert – und entdeckte vor Jahren ein Reclamheft mit dem Titel: »*Warum? Über die Obszönität des Fragens*« (Bodenheimer 1995) und darin die Hauptthese:

»Fragen stellt den Befragten bloß, ist also obszön.«

Sie riss mich vom (Lese-)Hocker, bereitete mir nachts schlaflose Stunden und veränderte mein Kommunikationsverhalten wesentlich.

····⟩ **Training** ··

1 Stellen Sie in der Gruppe diesen Satz zur Diskussion.

Ergebnisse: _____
_____
_____

Mir wurde bewusst,

a) dass Fragen dreierlei Richtungen haben: *Interesse, Klärung, Kontrolle* (auf dem Hintergrund von Bestimmung und Macht) und dass sie wesentliche Einstellungen und Haltungen zum Ausdruck bringen.
Beispiel: Meine Erfahrungen während meiner (äußerst strengen) Internatszeit (1954–1961): Ausfragen und Kontrolle; kaum Interesse und Anteilnahme.

> **Wer (»ungefragt«) fragt, bestimmt den Zeitpunkt, die Ziele, die Inhalte, den Umfang.**

b) dass hinter Fragen in Beziehungen meist Selbstmitteilungen stehen und sie deshalb Schein- oder Rhetorikfragen sind:
Um dies zu verdeutlichen, konfrontiere ich in Seminaren die Teilnehmenden mit folgender Situation: Stellen Sie sich vor, ich bin Ihr Partner und sage zu Ihnen: »Heute Abend geh ich aus.« Bitte reagieren Sie! Sehr häufig und rasch höre ich dann: »Wohin gehst du? Wie lange bleibst du weg? Wann kommst du wieder? Was hast du vor? Wen triffst du?«

c) dass Fragen deshalb »obszön« sind, weil sie bloßstellen können: »Wo kommst du denn her? Was hast du schon wieder angestellt? Warum antwortest du mir nicht? Stellst du immer so blöde Fragen? Weißt du denn nicht, wie man sich benimmt? Was soll das denn wieder?«

2 Bitte diskutieren Sie in der Gruppe die Aussagen a), b) und c) und verdeutlichen Sie sie in Interaktionsübungen und Rollenspielen, mit dem Ziel zu *differenzieren*, ob es sich um Interessensfragen, Klärungsfragen oder Scheinfragen handelt.

Erkenntnisse: _____
_____

Beim Empfänger kann das Gefühl des Ausgefragtwerdens entstehen oder sie verstärken seine Fantasien (= Was meint er/sie denn mit diesen Fragen?). Aussagen jedoch schaffen Klarheit.

> **Lieber echt aussagen als unecht fragen. Lieber aussagen als bloßstellen.**

Fragen	*dahinterliegende Aussagen*
»Herr Miller, wie lange dauert denn noch Ihr Vortrag?»	»Ich kann nicht mehr zuhören.« »Ich kenne das meiste schon.«
»Frau X, wird die Klassenarbeit schwer?«	»Ich habe Angst, sie nicht zu schaffen.«
»Liebst du mich noch?«	»Ich bin mir nicht mehr so sicher, ob …«
»Wann gibt's denn was zum Essen?«	»Ich habe Hunger.«
»Wie oft soll ich dir denn das noch erklären?«	»Jetzt weiß ich selbst nicht mehr weiter. Bin mit meinem Latein am Ende.«

···⫶ **Training** ···

3

In der Gruppe: Jemand stellt eine Frage; die anderen formulieren als/transformieren sie in Aussagen (so wie oben):

Fragen	*Aussagen*
a) »Kapierst du das immer noch nicht?«	Ich ....
b)	....
c)	....

O-Ton Schüler: »Warum fragen Sie uns, wenn Sie es selbst wissen?«

Als Lehrer/in würden SIE darauf antworten: ....
....

··· **Training** ⫶···

Fragender Unterrichtsstil: Ich frage Schüler/Schülerinnen nicht, wenn ich etwas selbst weiß, sondern informiere sie oder gebe ihnen die Möglichkeit, sich selbst zu informieren. Aus meiner Sicht ist es unfair: Ich als Lehrer weiß etwas, was du nicht weißt und ich frage dich so lange, bis du es mir sagst. (Ausnahme: Ich weiß etwas und möchte es jetzt, z. B. aus didaktischen Gründen, noch nicht sagen.) Fragen sind sinnvoll in Tests, in Prüfungssituationen, um Wissen und Kompetenzen der Schüler/Schülerinnen zu eruieren. Didaktischer Unfug ist es, wenn Lehrer/Lehrerinnen Schüler/Schülerinnen fragen, 11 oder 23 von 30 den Arm heben und eine(r) antwortet; denn dann wissen Lehrer/Lehrerinnen nur von ihm/ihr, wie seine Antwort lautet: richtig, falsch oder (ganz) anders … Meist ist es üblich, dass Lehrer im Unterricht fortfahren, wenn sie von *einem/einer* Schüler/Schülerin die richtige Antwort bekommen haben.

····⫶ **Training** ··

4 Führen Sie in der Gruppe ein Gespräch zum Thema FRAGEN (u.a. auch im »Fragend-entwickelnden Unterricht«). Ergebnis: ....

....

5 Inwiefern hat die These von Bodenheimer Ihre Lehrerrolle verändert? Inwiefern die Gestaltung des Unterrichts? Die Beziehung zu Ihren Schülerinnen und Schülern? (Achtung: Jetzt habe ich Ihnen drei Fragen gestellt, und zwar im Kontext als Trainer und mit dem Ziel der Klärung.)

6 Fragen im Alltag: Kontrollieren Sie sich selbst, wenn Sie Fragen stellen, ob es für Sie *Interessens*fragen sind, ob es sich um *Klärungs*fragen handelt oder ob »eigentlich« *Selbstmitteilungen* dahinter stehen.

....

....

....

Frau B. fragt ihren Mann: »Kommst du heute an der Apotheke vorbei?« ER: »Ich weiß nicht, warum du fragst.« SIE: »Ich bräuchte dringend das Medikament X.«

Die Frage fällt ihr leichter, sie ist »höflicher« für sie als zu sagen: »Ich brauche …«

Herr K. fragt: »Warum gehst du nicht mal wieder zum Frisör?« SIE: »Warum, gefalle ich dir nicht mehr?«

ER traut sich nicht zu sagen: »Mit einer neuen Frisur gefällst du mir besser.«

·· **Training** ⫶····

> Ziel: das eigene Beratungsverständnis reflektieren und Beraten üben

Die einen wollen Beratung und bekommen Ratschläge; die anderen wollen Beratung und bekommen Empfehlungen, »Entwicklungshilfen« (Wow!). Und wieder andere brauchen zusätzliche Begleitung.

Ich werde oft gefragt, wie »man« denn mit »beratungsresistenten« Personen umgehen soll. Angenommen, SIE werden gefragt. Ihre Antwort:

Die meine: Es gibt keine beratungsresistenten Personen, denn Beratung ist grundsätzlich

a) *freiwillig*: Der zu Beratende wählt freiwillig die Beraterperson.
b) *entscheidungsfrei*: Der zu Beratende entscheidet selbst, was er tun und/oder lassen möchte. Es gibt keine *Anweisungen* seitens des Beraters.
c) *bewertungsfrei*: Das Handeln und die Entscheidungen des zu Beratenden werden vom Berater nicht bewertet. Er ist keine moralische Instanz. *Entfällt auch nur eine Variable, so ist es keine Beratung.*

Gespräche außerhalb von Beratungssituationen: Dienst-/Pflichtgespräche aller Art, Informationsaustausch und Diskussionen, Verständigungs- und Klärungshilfe, Konflikt-/Vermittlungsgespräche, Unterrichtsgespräche (als Vor- und/oder Nachbereitung).

Als Berater sind Sie Experte, Fachfrau/Fachmann für bestimmte Inhalte. Sie sind Klärungs-/Entscheidungshelfer und Ansprechpartner/Begleitperson. Dabei sind Sie nur für Ihre eigenen Mitteilungen verantwortlich, nicht aber für die Reaktionen des zu Beratenden, für seine Prozesse und Entscheidungen, also nicht Handelnder *für* die zu beratende Person. Dies reduziert »automatisch« die Appelle. Also nicht: »Sie sollten auf jeden Fall …« – »Da müssen Sie halt …«

Über die Möglichkeiten *und* Grenzen eines Beratungsgespräches Bescheid zu wissen vermeidet Vermischungen, bringt Klarheit über die Ziele und schärft den Blick für Struktur und Verlauf, wobei die *Einstellung* der beratenden Person zum Gegenüber wesentlich entscheidend ist.

····≽ Training ···

1 Überdenken Sie Ihre bisherigen Gespräche und entscheiden Sie, welche für Sie wirklich echte Beratungsgespräche waren, sowohl als beratende als auch als die, die berät. Ihre Erkenntnis: ....

....

....

2 Denken Sie an Personen, mit denen Sie beruflich zu tun haben. Diese geben Ihnen nun Mitteilungen in verschiedener Form u. a. auch *Ratschläge* – wobei Sie den Kontext bitte selbst herstellen. (Ihrer Fantasie sind keine Grenzen gesetzt!).

a) Fachbereichsleiter: »Sie sollten im Unterricht Ihre Redeanteile drastisch senken!«

b) Kollegin: »Hättest Du meinen Rat befolgt, dann säßest Du jetzt nicht in der Klemme.«

c) Vorgesetzter: »Seien Sie nicht so gutgläubig; das kann nur schaden. Ich meine es doch nur gut mit Ihnen.«

d) Kollege: »Ich würde Ihnen meine Meinung dazu gerne sagen, aber nur, wenn es Ihnen recht ist.«

e) Schulrätin: »Wenn Sie mich brauchen: Ich stehe Ihnen jederzeit mit Rat und Tat zur Verfügung.«

f) Kollegin: »Sie sehen aber gar nicht gut aus. Sie sollten nicht so viel arbeiten und sich mehr Ruhe gönnen ...«

g) Kollege: »Wenn Du Dich überfordert fühlst, dann sag' mir, wie ich Dich entlasten kann.«

Vier *Klärungs*fragen:

1. Wie geht es Ihnen beim Anhören dieser Mitteilungen?
2. Welche finden Sie in Ordnung/nicht in Ordnung?
3. Welche Einstellung/Haltung Ihnen gegenüber spüren Sie?
4. Welche Mitteilungen empfanden Sie als Ratschläge?

Und schließlich: Antworten Sie, als Ratsuchende, auf die Mitteilungen a) bis g).

Ergebnisse: ....

....

....

Schlussfolgerungen: ....

....

....

··· **Training** ≼····

Beraterfallen

Menschen kommen zu Ihnen zur Beratung und haben bestimmte Erwartungen an Sie. Es geht darum, ihnen zu helfen, zu eigenen Entscheidungen zu kommen. Die größte »Beraterfalle« besteht in der – vordergründigen – Beantwortung von Fragen, anstatt die Aussagen/Fragen auf das *eigentliche Anliegen* hin zu überprüfen und durch Nach-/Rückfragen den *tieferen Gehalt* der Botschaft zu klären. Die Qualität der Antwort hängt von der Fähigkeit des Hörers (Beraters) ab. Beispiele:

Die Fragen:	*Und was dahinterstecken kann:*
Lehrerin zum Schulrat: »Sagen Sie mir: Soll ich mich jetzt versetzen lassen oder nicht?« Antwort-Falle: »Auf keinen Fall, denn …«	Ich bin mir nicht sicher, ob … Ich kann die Konsequenzen nicht abschätzen.
Schülerin zum Lehrer: »Was soll ich denn tun, wenn ich nicht lernen mag?« Antwort-Falle: »Dann mach doch einfach Folgendes …«	Meine Eltern wollen, dass ich Abi machen soll. Ich möchte viel lieber …
Kollegin zu Kollegen: »Was würdest du denn tun, wenn dich Eltern so beleidigen würden wie mich? Antwort-Falle: »Also ich würde sofort das Gespräch beenden.«	Ich bin hilflos, gekränkt, verletzt. Ich würde gerne selbstbewusster reagieren …

Kommentar

Der Berater steckt nie in der Haut des zu Beratenden. Werden Sie als Experte gefragt, dann gibt es Expertenantworten. Die Beratung hat das Ziel, den Ratsuchenden zu Klärungen und Selbstentscheidungen zu verhelfen (= Wahrung seiner Autonomie). Ausnahmen: Menschen sind aus physischen und/oder psychischen Gründen dazu nicht in der Lage.

···⫶ **Training** ··

3 Diskutieren Sie in der Gruppe über meine drei Kommentarsätze.

....

....

4 Ziehen Sie Schlussfolgerungen für Ihre künftigen Beratungsgespräche und in der Folge ggf. für Begleitungen.
Ergebnisse: ....

....

··· **Training** ⫶···

Wer keine Ziele hat, muss sich nicht wundern, wenn er ganz woanders landet. Wer keine Struktur hat, muss sich nicht wundern, wenn er sich im Kreis bewegt. Deshalb:

> **Keine Gespräche führen ohne Ziele und Struktur**

Und das heißt zu unterscheiden: Der Berater hat nur Ziele für sich, jedoch nie für den zu Beratenden. Diese eigenen Ziele und die geplante Struktur sind dem zu Beratenden zu Beginn des Gesprächs mitzuteilen: »Ich habe Folgendes vor …«

Mögliche Struktur (Reihenfolge)

1. Das Anliegen des zu Beratenden
2. Zielklärung
3. Klärungsphase
4. Lösungssuche/Ergebnisse
5. Konsequenzen/Vereinbarungen

···> **Training** ··

5 Führen Sie strukturierte Gespräche mit anschließender Reflexion (u.a. auch unter Beobachtung anderer):

- Struktur eingehalten, weil _____
- Struktur nicht eingehalten, weil _____
- Struktur hilfreich, weil _____
- Struktur hemmend, weil _____
- Konsequenzen für meine weiteren Gespräche: _____
  _____
  _____

6 Beobachten Sie Gespräche: Können Sie jeweils eine Struktur feststellen oder handelt es sich eher um unstrukturierten Erfahrungsaustausch?

_____
_____

·· **Training** ···>

Ziel: Spezifika der Elterngespräche trainieren

Beraten – ohne Ratschläge zu geben: Diese Kunst gilt auch in Gesprächen mit Eltern und anderen Erziehungsberechtigten. Dabei kommt es auf die Einstellung und Haltung an, mit denen sich beide Seiten begegnen, und auf die *begehbaren* Wege, die entweder schon gegeben sind oder die erst geebnet werden müssen:

- von der Gleichgültigkeit zum Interesse
- von der Angst zum befreiten Dialog
- von der Skepsis zum Vertrauen
- von der Reserviertheit zur Kooperation
- vom Vorurteil zur Offenheit
- von der Distanz zur Nähe
- von der Auseinandersetzung zum förderlichen Zusammensitzen
- auf verschiedenen Wegen zu gemeinsamen Zielen
- durch unterschiedliche Ansichten zum Miteinander und zu praktikablen Lösungen für beide Seiten

····· **Training** ···

1 Meine bisherigen Erfahrungen mit Eltern:
a) Was die allgemeinen Kontakte betrifft: ....
....
b) Was die Gespräche betrifft: ....
....
Deshalb bin ich zufrieden: abgehakt.
Deshalb werde ich (noch): ....
....
....

·· **Training** ·····

Schulalltag: Manchmal ohne Eltern, manchmal mit ihnen, aber nie gegen sie!

Lehrerin W.: »Neulich rief ich eine Mutter an, die ganz erschrocken war, als sie meine Stimme hörte. Dabei wollte ich ihr nur sagen, wie sehr ihre Tochter sich in ihren Leistungen verbessert hat.«

Wenn aus der Schule ein Anruf kommt, dann muss es sich meist um etwas Schlimmes handeln.

Oft gehört, von Elternseite:

Elternabende beginnen häufig damit, dass die Lehrerinnen/Lehrer uns Eltern sagen, was die Kinder nicht können, was sie können sollten und was unsere Aufgaben sind …

Abgeladener Lehrerfrust erzeugt Elternfrust.

····⟩ **Training** ···

2 Meine Wunschliste an Eltern, wenn sie zu mir zum *Gespräch* kommen:

....

....

3 Jede/jeder in der Gruppe liest seinen/ihren Wunschzettel vor, um diese dann zu modifizieren in: realistisch, praktikabel, überzogen, unrealistisch …

4 Wunschzettel auch von Eltern entgegennehmen und mit ihnen besprechen.
Konsequenzen: ....

....

....

> **Genau hinsehen: Was ist Realität, was sind Fantasien, was sind »Spuren aus der Vergangenheit«?**

·· **Training** ⟨····

Die Interessen der Eltern und Lehrer/Lehrerinnen decken sich meist in den Zielen: den Kindern die beste Erziehung und Bildung zu ermöglichen. Was die Wege betrifft, so gehen diese bisweilen weit auseinander. Es kommt zu Konflikten, wenn die Erwartungen der Eltern hinsichtlich der Leistungen ihrer Kinder nicht erfüllt werden, wenn sie der Meinung sind, die Lehrerinnen/Lehrer hätten nicht das ihnen Mögliche getan oder wenn »pädagogische Kunstfehler« nachgewiesen oder vermutet werden.

In den Konflikten zwischen Schule und Elternhaus zeigen sich manchmal auch unverarbeitete Konflikte aus deren eigener Kind- und Schulzeit (die beide Seiten erlebt haben), nämlich Hänseleien, Ausgrenzungen, Erniedrigungen, Bloßstellungen, Versagensängste, Schuldgefühle, Strafen/Strafarbeiten, Misserfolge, schlechte Zeugnisse, Überforderungen, Lernzwang, Hass auf Lehrer/Lehrerinnen …

In Gegenwartskonflikten mit der Lehrerschaft kommt es deshalb vor, dass die alten, früheren Erlebnisse und Erfahrungen reaktiviert werden (Phänomen der Übertragung); z. B. aus Sicht der Eltern:

- Im Lehrer A von heute sehe ich Herrn B von früher, den ich negativ in Erinnerung habe.
- Die Probleme in dieser Schule hier wecken in mir Erinnerungen an meine Schule in Y, in der ich manchmal Schlimmes erlebte.
- Was ich jetzt mit meinen Kindern schulisch durchmachen muss, ruft in mir Erlebnisse wach, die sehr unangenehm für mich damals als Kind waren.

Und die positiven Erfahrungen:

- Ich setze mich sehr für die Schule ein – wie damals als Klassen-/Schulsprecher.
- Ich habe einen guten Draht zu den Lehrerinnen und Lehrern – wie damals in meiner Schulzeit.
- Ich kenne die Probleme in der Schule und kann die Lehrer und Lehrerinnen verstehen – wie damals, als ich in der SMV war.
- Meine Lehrer und Lehrerinnen haben mich früher sehr verstanden; dasselbe erlebe ich jetzt mit den Lehrern und Lehrerinnen meiner Kinder.

⋯⋰ Training ⋯⋯⋯⋯⋯⋯⋯⋯⋯⋯⋯⋯⋯⋯⋯⋯⋯⋯⋯⋯⋯⋯⋯⋯⋯⋯⋯⋯

5

Besprechen Sie in der Gruppe folgende grundsätzlichen Hinweise für erfolgreiche Gespräche mit Eltern:

- den kulturellen Hintergrund beachten
- auf die emotionale Befindlichkeit der Eltern achten
- ihre Motive, Absichten, Wünsche, Vorstellungen von Unterricht erfragen
- sich nicht den »Vorwurfsschuh« anziehen und Botschaften transformieren (siehe Übungseinheit 42, S. 180)
- sich der eigenen Ziele und Vorgehensweisen bewusst werden
- klar kommunizieren und »auf alles gefasst sein«
- sowohl einfühlsam/verstehend als auch ggf. abgrenzend reagieren (= den »Dreifachschlüssel« verwenden; siehe Übungseinheit 22, S. 100)
- zu Ergebnissen kommen und sie mit den Zielen vergleichen
- Vereinbarungen treffen, gemeinsam Bilanz ziehen

Diskussionsergebnisse der Gruppe: ....

....

....

Üben Sie – in Rollenspielen – »schwierige Gespräche« mit Eltern (auf dem Hintergrund Ihrer Erfahrungen) mit anschließender Reflexion. Oder übernehmen Sie die nachstehenden Fälle. *Hinweis*: Bitte den Kontext selbst herstellen und die Gespräche möglichst strukturieren. Praktikabel hierfür ist auch wieder die Anwendung des Dreifachschlüssels, siehe Übungseinheit 22, S. 100): (1.) etwas von sich mitteilen – (2.) einfühlsam sein – (3.) sich abgrenzen

a) Eine Mutter, alleinerziehend, kommt zu Ihnen und bittet um Hilfe, weil sie mit ihrem Sohn (14 J.) »überhaupt nicht mehr klar kommt ... Er macht ja sowieso nur, was er will«.
Lerngewinn nach dem Gespräch: ....

....

b) Ein Vater beschwert sich heftig: »Der Fünfer, den Sie meiner Tochter verpasst haben, ist total ungerecht. Wenn Sie den nicht zurücknehmen, wende ich mich an den Rektor.«
Lerngewinn nach dem Gespräch: ....

....

c) Mitten im Gespräch brüllt ein Vater (mit Migrationshintergrund) Sie an: »Die Schule hier ist ausländerfeindlich! Und meinen Sohn mögen Sie ja sowieso nicht!«
Lerngewinn nach dem Gespräch: ....

....

d) Eltern kommen zu Ihnen, weil sie sich nicht sicher sind, auf welche Schule ihre Tochter gehen soll. Der Vater pro Gymnasium, die Mutter pro Realschule. Beide wirken sehr zerstritten ...
Lerngewinn nach dem Gespräch: ....

....

.... Training ⟨⋯

Viele Lehrer und Lehrerinnen sind auch Eltern. Alle Eltern waren auch Schüler/ Schülerinnen. Viele Schüler und Schülerinnen werden Eltern. Manche Schüler/ Schülerinnen werden Lehrer oder Lehrerinnen. Sollte es da kein Verstehen, keine Gemeinsamkeiten geben?

37 Konfrontationen und Konflikte

Ziel: durch Gespräche Konfliktsituationen lösen

Der Begriff Konfrontation ist für manche Menschen negativ besetzt; sie denken dabei an schlimme Auseinandersetzungen, an Angriff, an Überrumpelung, Verteidigung …

···⬩ **Training** ···

1 Befragung in der Gruppe: Was lösen die beiden Wörter *Konfrontation* und *Konflikte* bei jedem/jeder aus?

Ergebnis: _____

_____

·· **Training** ⬩···

Entschlüsselt man den Begriff, dann beinhaltet er das lateinische Wort *frons* = Stirn) und *con* (= zusammen, mit) und meint damit wortwörtlich »von *Stirn* zu *Stirn*« mit jemandem sein, also ihm »*fron*tal« begegnen.

Ich kenne diese Bedeutung aus meiner Schulzeit, verbunden mit *negativer* Erfahrung:

Als Klassen- und Schulsprecher musste ich des Öfteren mit Lehrerinnen und Lehrern verhandeln. Für manche von ihnen war das bereits eine Zumutung. (Mit Schülerinnen und Schülern verhandelt man nicht; sie haben zu gehorchen.) Mehrmals erlebte ich, dass mich ein Lehrer/eine Lehrerin – wenn ich anderer Meinung war – mit den Worten anschrie: »Und du wagst es, mir die Stirn zu bieten!«

Übersetzt: Was fällt dir ein, mit mir auf »Augenhöhe« zu reden. Du bist als Schüler/Schülerin unter mir.

Heute hat für mich Konfrontation eine ganz andere und durchaus positive Bedeutung, nämlich: jemandem auf Augenhöhe (Stirn zu Stirn, face to face), also gleichwertig begegnen und mit ihm als Gegenüber reden.

Viele Gespräche, die ich als Moderator und Vermittler erlebte, begannen mit den Versuchen der Kontrahenten, die Meinungen und Ansichten des Gegenübers nicht nur durch Argumente zu entkräften, sondern sie abzuwerten, sie als falsch zu deklarieren und sich über den Gesprächspartner zu stellen. In einer offenen Gesellschaft haben die Bezeichnungen »richtig« und »falsch« jedoch nur noch begrenzt ihre Gültigkeit und sind zu ergänzen durch Begriffe wie Ansichtssache, Plausibilität, Stimmigkeit, »Sowohl-als auch« u. ä. Es gibt keine falschen Meinungen und An-Sichten …; sie von anderer Seite »durchzustreichen« ist deshalb inhuman und sinnlos; aber man kann sie in Gesprächen thematisieren, erörtern und ggf. zu Meinungsänderungen gelangen. Dazu braucht es aber eine Haltung/Einstellung, die zum Ausdruck bringt, nicht alleiniger Besitzer von Wahrheiten zu sein, Interesse am Gegenüber zu haben und ihm Respekt zu zollen:

Aus meiner Kindheit (Bayern) sind mir zwei Einstellungen bekannt: a) »Mir san mir und haben deshalb Recht.« b) »Der andere mag zwar Recht haben, aber wir haben doch noch ein bisserl mehr Recht.«

Ein Politiker lud mich als Redner zu einem Symposion ein und suchte noch einen weiteren Experten. Als ich ihm einen ausgewiesenen Fachmann nannte, antwortete er – ohne weitere Nachfragen nach Referenzen: »Nein, den können wir nicht brau*chen. Der ist ja in der falschen Partei.«*

> **Von der verschiedenen Wahrnehmung durch Dialog und Konfrontation zur gemeinsamen Wahrheit kommen**

⋯⋗ Training ⋯⋯⋯⋯⋯⋯⋯⋯⋯⋯⋯⋯⋯⋯⋯⋯⋯⋯⋯⋯⋯⋯⋯⋯⋯⋯⋯⋯

2 Zum Ausprobieren: Wählen Sie in der Gruppe einen Gesprächsleiter und diskutieren Sie meine o. g. Ansichten zum Thema »Konfrontation« mit den »Vorgaben«: mitteilen, an- und zuhören, divergierende Meinungen zulassen, ggf. Meinungen ändern – mit dem Ziel, darüber ein *Meinungsbild* in der Gruppe entstehen zu lassen.

3 Überprüfen Sie im Anschluss daran, ob der Meinungsbildungs*prozess* zum Thema *Konfrontation* in der Gruppe »auf Augenhöhe« geschehen ist oder ob es »Richtig-Falsch-Spiele« gegeben hat.

Ergebnisse:
- auf der Sachebene: _____

_____

- auf der Beziehungsebene: ....

  ....

- Und: Wie war die Stimmung während und am Ende des Prozesses?

  ....

.... Training ⋮⋯

Empfehlungen für die Arbeit in der Schule, speziell mit Eltern

a) *Unterschiedliche Erfahrungen*, Ansichten, Meinungen zulassen und sie nicht – empört, entrüstet – zurückweisen
b) Die *Konfrontation* als eine Gesprächsmöglichkeit sehen, um Meinungen respektvoll und wertschätzend mitzuteilen
c) Die verschiedenen Meinungen als *subjektive Aussagen* betrachten und im Dialog (mit Blick auf die Realitäten und das Machbare) zu Vereinbarungen und Lösungen kommen
d) Auf *Grenzen* hinweisen (und ggf. einschreiten), wenn die Ansichten und Meinungen zu *Verhaltensweisen* führen, die schädigend, verletzend und gesetzeswidrig sind.

> »Ich bin überhaupt nicht Ihrer Meinung, aber ich werde alles tun, damit Sie sie sagen können.« (Voltaire)

⋯⋮ **Training** ....

4 Erörtern Sie in der Gruppe diese vier Empfehlungen:

- Eigene Erfahrungen: ....

  ....

- Konfrontation: ....

  ....

- Subjektive Aussagen: ....

  ....

- Grenzen: ....

  ....

5 Zum Ausprobieren in der Gruppe: Greifen Sie auf die vier »schwierigen Gespräche mit Eltern« zurück (Übungseinheit 36, S. 156) und wenden Sie die vier Empfehlungen an.

Ergebnisse, Erkenntnisse: ....

....

....

6 Antworten Sie »sozialverträglich« auf folgende Aussagen:
- Lehrer/Lehrerinnen haben nur Ferien im Kopf.
- Die Schule macht unsere Kinder kaputt: zu viel Stoff, zu viel Lernen.
- Auf dem Elternabend hören wir nur Vorwürfe.
- Erklären Sie besser, dann lernt mein Sohn auch besser.

Schritte auf dem Weg zur Konfliktlösung
Konfrontationen können u.a. Konflikte auslösen, die auch, mittels bestimmter Schritte, wiederum zu Lösungen führen können. Deshalb:

7 Sammeln Sie in der Gruppe Konfliktfälle, die Sie hatten; reflektieren und lösen Sie diese (im Nachhinein) auf dem Hintergrund folgender »Schritte«:

Schritte	*Realisierbarkeit/Brauchbarkeit/Grenzen*
1. Das Gespräch suchen	....
2. Emotionen zulassen	....
3. Ziele und Wünsche reflektieren	....
4. Die verschiedenen Positionen artiku- lieren	....
5. Perspektiven wechseln und darüber diskutieren	....
6. Vereinbarung anstreben	....
7. Ggf. Grenzen ziehen	....
8. Gegenseitig Feedback geben	....
9. Ziele und Absichten realisieren	....

.... **Training** ❖···

38 Übertragung: ein »Dreifach-Irrtum«

Ziele: Übertragungen erkennen und sie klar kommunizieren

Was bedeutet das für die zwischenmenschlichen Beziehungen in der Schule? Ein Beispiel, 1. Klasse:

Die Lehrerin steht alleine an ihrem Pult. Die Kinder arbeiten still auf ihren Plätzen. Plötzlich kommt ein Junge auf sie zu, nimmt verstohlen ihre Hand und sagt leise zu ihr, sodass es die anderen nicht hören: »Gell, Du bist meine Mama.« Die Lehrerin zeigt sich überrascht. Nach einigen Sekunden löst sie behutsam ihre Hand von der des Jungen, wendet sich ihm zu und sagt in freundlichem Ton: »Peter, ich bin Deine Lehrerin.« Beide bleiben noch nebeneinander stehen. Dann geht der Junge auf seinen Platz zurück. Er scheint zufrieden zu sein, auch wenn er die Antwort erst noch innerlich verdauen muss. Die Lehrerin schickt ihm ein Lächeln nach.

Sie kann mit Übertragungen umgehen, denn: Sie zeigt Verständnis. Sie handelt stimmig und löst die Übertragung, ohne zu verletzen. Der Junge fühlt sich von ihr angenommen.

Übertragung als »Dreifach-Irrtum«

- Irrtum in der Zeit: damals statt heute
- Irrtum im Ort: dort statt hier
- Irrtum der Person: jene(r) statt diese(r)

In einer Supervisionssitzung berichtet ein Lehrer, dass er mit einer Kollegin überhaupt nicht klar käme; sie würde ihn immer an seine Mutter erinnern: Die dominante Art, bestimmte Gesten, vor allem die schrille Stimme. »Wenn ich die schon höre, schwillt mir der Hals ...« Sein Wunsch: Er möchte mit ihr eine kollegiale Beziehung haben wie mit den anderen auch.

- Damals: nicht im Jetzt, sondern in seiner Kindheit
- Ort: nicht im Schulhaus, sondern im Elternhaus
- Person: nicht die Kollegin, sondern die Mutter

1 Fallen Ihnen ähnliche Fälle ein, bei denen Sie – zunächst – vermuten, es könnte sich um Übertragungen gehandelt haben?

···

···

Sieht man sich die Beziehungskonstellationen von Personen in der Schule näher an, so wird deutlich, dass Übertragungen »normal« sind, und es wäre sogar »unnormal«, wenn sie in ca. 35 Berufsjahren im Umgang mit Schülerinnen, Kollegen, Eltern nicht vorkämen:

1. Lehrerin bevorzugt in ihrer 2. Klasse zwei Mädchen und betrachtet sie als ihre Lieblingsschülerinnen. Zunehmend werden diese von den anderen in der Klasse abgelehnt. In der Supervisionsgruppe kommt sie darauf zu sprechen. Während des Klärungsprozesses äußert die Lehrerin plötzlich unter Tränen: »...aber ich hab' doch keine eigenen Kinder.«

Die Lehrerin überträgt ihre Liebe, die sie gern ihren eigenen Kindern gegeben hätte, auf zwei Kinder in ihrer Klasse, die ihrem Idealbild in Aussehen und Verhalten am nächsten kamen. Diese beiden Mädchen erhielten also *unangemessene Zuwendung* (= nicht sie waren gemeint, sondern die in ihrer Fantasie lebenden eigenen Kinder), während gleichzeitig die anderen in der Klasse sich *vernachlässigt fühlten*.

2. Ein zwölfjähriger Junge verweigert die Mitarbeit und stört den Unterricht, indem er den Lehrer mit »deftigen Kraftausdrücken« beschimpft. Dieser spricht ihn nach einiger Zeit klar und bestimmt an: »Hör bitte auf zu schimpfen und arbeite mit.« Woraufhin der Schüler halblaut zu seinem Nachbarn sagt: »Diesen Wichser bring' ich noch um.«

Der Lehrer erfuhr im Nachhinein, dass der Junge seinen Vater zutiefst hasste, weil dieser ihn demütigte, wo es nur ging. Der Hass übertrug sich auf den Lehrer, dem gegenüber er sich eher erlaubte »ihn umzubringen« als den eigenen Vater. Dem Lehrer wurden also *unangemessene Gefühle und Gedanken* entgegengebracht (= nicht der Lehrer war gemeint, sondern der eigene Vater).

3. Ein Schulleiter ist ratlos. Sein Vorgänger hat das Kollegium sehr streng geführt. Sein neuer – ausgeprägter kooperativer Stil – wird von einem Teil des Kollegiums dankbar angenommen; von einem anderen Teil kommt lautstark die Forderung nach Ordnung, Durchgreifen und »Sagen, wo's langgeht ...«

Das Kollegium war lange Zeit einen »strengen Vater« gewohnt. Als dieser wegging, wünschte sich ein Teil des Kollegiums immer noch den »strengen Vater«, der die Richtlinien vorgab und die Eigenverantwortung beschnitt – und lehnte den »guten Vater« ab. Die »Vater-Kinder-Beziehung« veränderte sich also nicht hin zu einer *angemessenen* kollegialen Beziehung (= nicht der Schulleiter war gemeint, sondern der frühere »strenge Vater«).

Erkennungskriterien der Übertragung

- hartnäckige Konflikte, die sich nicht rasch beheben lassen (= Beteiligung tieferliegender Schichten)
- die Unangemessenheit von Verhaltensweisen (= Missverhältnis zwischen Anlass und Reaktion)
- Affekthandlungen und hohe Emotionalität (= Gefühlsausbrüche, Weinen, Bekundungen der Freude)
- länger anhaltende Beziehungsstörungen

Beispiel 1: die *bevorzugte* Behandlung der Kinder durch die Lehrerin mit ihrer *unbewussten Mutterliebe*
Beispiel 2: der unvermittelte *Affektausbruch des Schülers* mit seinen *Hassgefühlen* dem Vater gegenüber
Beispiel 3: die *Ablehnung des Schulleiters* durch einen Teil des Kollegiums mit dessen *unbewusster Sehnsucht nach dem »strengen Vater«*

···❖ **Training** ···

2 Besprechen Sie in der Gruppe diese Kriterien auf ihre Plausibilität: Zustimmung, Klärungsbedarf, Bedenken, Grenzerfahrungen …

Erkenntnisse: ....
....

3 Diskutieren Sie in der Gruppe diese drei Fälle auf dem Hintergrund Ihrer eigenen Erfahrungen: ähnliche Beispiele, bisher gewohnte Aktionen und erlebte Reaktionen der Übertragungspersonen

Erkenntnisse: ....
....
Schlussfolgerungen: ....
....

4 Für die nächste Zeit: Entdeckung von Übertragungssituationen in der Schule – und anderswo.

·· Training ⋮···

Die Übertragungsarbeit (in der Lehreraus- und -fortbildung unbedingt erforderlich), bedeutet, sensibel zu sein für folgende Vorgänge: Nicht ich bin gemeint, sondern beispielsweise die Mutter/der Vater von damals; nicht mir werden die Gefühle (Liebe, Hass) entgegengebracht, sondern der Person X von damals; nicht mir gilt die Zuwendung, sondern einer anderen Person aus der Lebensgeschichte meines Gegenübers.

Lehrerinnen/Lehrer werden mit der *Vergangenheit* von Personen konfrontiert. Es ergeht der Wunsch an sie, sich »zur Verfügung zu stellen«; sie sind gleichsam »Stellvertreter« mit der Bitte der Übertragungsperson: Hilf mir, in der *Gegenwart* zurechtzukommen! Dies wird im Schulalltag durch situationsgerechtes Handeln und durch Gespräche – ohne therapeutisch zu wirken – realisiert.

···⋮ Training ···

5 Trainieren Sie in der Gruppe Verhaltensweisen im Umgang mit Übertragungen, und zwar:

- das Erkennen der Kriterien (siehe oben)
- die Reaktion: sich körperlich lösen; verbale Klärung: »Ich bin ...«; weiterer Kontakt; (Beispiel oben: der Junge ...)
- die »Nacharbeit«: Beachtung, Zuwendung, Grenzziehung

....

....

6 Reflektieren Sie Ihre trainierten Fallbeispiele:

- gelungen, weil ....
- nicht gelungen, weil ....
- Verbesserungsvorschläge: ....

....

....

·· Training ⋮···

39 Störungen als spezifische Botschaften

Ziel: Störungen differenzieren und differenziert handeln

Während eines Seminars zum Thema »Störung« übernimmt ein Kollege die Rolle eines Lehrers, der eine Unterrichtsstunde beginnen will. Die anwesenden Lehrerinnen und Lehrer spielen die Schülerinnen/Schüler und unterhalten sich angeregt, ohne besondere Zwischenfälle oder Streitereien. Der Lehrer sucht, durch zunehmende Lautstärke, sich Gehör zu verschaffen. Vergeblich … In der anschließenden Analyse sagen die Schülerinnen/Schüler, sie hätten sich vom Lehrer in ihrer Kommunikation gestört gefühlt. Und der Lehrer: »Ehrlich gesagt, ich war hin- und hergerissen zwischen Disziplinieren oder Auf-die-Störungen-Eingehen …«

Wer stört wen?

Adventszeit, Montag, erste Stunde: Die Klasse sitzt – in besinnlicher Stimmung – mit dem Lehrer im Morgenkreis. Eine Kerze brennt … Plötzlich betritt ein Schüler, zu spät kommend, das Klassenzimmer, sieht die Kerze, wirft seine Jeansjacke darauf, sodass sie erlöscht und schreit: »So ein Scheiß!« *… Später erfahre ich vom Klassenlehrer, dass der Junge nach der Scheidung der Eltern bei der Oma wohnt, die sich kaum um ihn kümmert. Er kommt aus der* »Kälte« *seines Privatlebens und muss die* »Wärme« *im Klassenzimmer vernichten, weil er sie nicht aushält.*

Was sind die »eigentlichen« Botschaften einer Störung?

···⟩ **Training** ··

1 Sammeln Sie in der Gruppe Störungsfälle und vermuten bzw. analysieren Sie sie unter folgenden Gesichtspunkten (ohne Schuldzuweisung): Ursachen durch

die Lehrer/die Lehrerinnen, weil ....

....

die Schüler/Schülerinnen, weil ....

....

den Stoff, weil ....

....

die Struktur der Schule, weil ....

....

··· **Training** ⟨···

Die o. g. Beispiele zeigen, dass Störungen offene oder verdeckte Botschaften sind. Es gibt keine »objektiven« Störungen; sie sind immer Deutungen von Personen: Für die einen ist z. B. Schwätzen im Unterricht Störung, für die anderen rege Beteiligung; den einen stört Kaugummikauen, die andere toleriert dies; die einen stört der Lärmpegel, während andere ihn als »kreative Unruhe« deuten … (Im Extremfall: Sogar kriminelle Verhaltensweisen sind für die Täter keine Störungen, sondern »normal«.)

> »Nicht die Dinge selbst, sondern unser Denken über die Dinge entscheidet, ob wir glücklich oder unglücklich werden.« (Epiktet)

Übertragen auf die Störungen in der Schule bedeutet dies: In vielen Fällen sind es nicht die konkreten Verhaltensweisen an sich, die uns stören und belasten, sondern unsere Sicht (Einstellungen) über sie. Damit sollen keineswegs verbale Entgleisungen und körperliche Verletzungen bagatellisiert oder gar entschuldigt werden.

Wenn man Störungen als spezifische Botschaften sehen und (um-)deuten kann, wenn es auf die Sichtweisen und Einstellungen ankommt, dann heißt das auch (in bestimmten Situationen):

> Von wem oder wodurch ich mich stören lasse, bestimme ich.

···⟩ **Training** ··

2 Reflektieren Sie diesen Satz in der Gruppe …
Ergebnis des Meinungsbildes: ....
....
....

3 Beantworten Sie folgende Klärungsfragen: Von welchen »Störungen« (in Schule und Unterricht) müssen Sie sich »verabschieden«. Welche Vorstellungen, Ziele, Absichten können Sie nicht mehr aufrechterhalten (ohne das Gefühl des Versagens zu haben!)?

Eine Lehrerin (GS): »Früher war ich sehr streng, was das Verhalten der Kinder betrifft. Heute muss ich ihnen viel mehr durchgehen lassen – und schauen, wie ich damit zu recht komme.«

Was behalten Sie – trotz aller Umstände – um sich selbst und Ihren pädagogischen Ansprüchen »treu« zu bleiben? Welche Belastungen/Störungen können Sie aushalten, worauf können Sie sich einstellen?

4 Besprechen Sie in der Gruppe die nachfolgenden 15 Empfehlungen »*Was Sie bei Störungen tun können*«.

Hinweis: Ich werde von Lehrerinnen/Lehrern oft gefragt: »Was mache ich mit *Schülern oder Schülerinnen*, wenn sie stören?« Meine Antwort lautet: Sich zunächst fragen: Was mache ICH *mit mir*, wenn Schüler/Schülerinnen stören? Die Beantwortung dieser Frage hat zum Ziel, in Störungssituationen autonom zu bleiben und sich nicht in die Abhängigkeit der Störenden zu begeben.

15 Empfehlungen   *Handlungsvorschläge*

a) Störungen wahrnehmen und
   beschreiben (statt sie sofort zu
   bewerten)

b) Störungen nach dem Belastungsgrad
   einschätzen

c) Störungen hinterfragen: Was ist die
   (eigentliche) Botschaft der Störenden?

d) Verletzendes Verhalten sofort stoppen
   (Schutzfunktion)

e) Positive Anreger bieten (Methodenwechsel, Bewegung, Eigentätigkeit)

f) Negative Anregungen vermeiden
   (monotoner Unterricht, abwertendes
   Verhalten ...)

g) Einstellungen verändern, umdeuten

h) Gespräche mit den Beteiligten führen

15 Empfehlungen	*Handlungsvorschläge*

i) Die Störungssituation entschärfen
    (beobachten, abwarten, Humor zeigen,
    ablenken)

....
....
....

j) Günstige Lernbedingungen schaffen
    (Lernrhythmen, Pausen, Entlastungen)

....
....
....

k) Mit denjenigen arbeiten, die lernen
    wollen

....
....
....

l) Räume für die »Störenfriede« zur
    Verfügung stellen und Personen, die
    sie betreuen

....
....
....

m) Ggf. den Unterricht abbrechen (bevor
    man selbst zusammenbricht!)

....
....
....

n) Ein Verhaltenstraining absolvieren und
    auch Schüler/Schülerinnen anbieten

....
....
....

o) Temporäre Unterrichts-/Schul-Auszeit
    geben (mit dem Ziel der Reintegration)

....
....
....

5 Wählen Sie aus, welche der notierten Handlungsvorschläge Sie nun in Interaktionen und
Rollenspielen trainieren möchten.

.... Training ❖⋯

40 »Diese Unsympathen!«

Ziel: mit schwierigen Personen auskommen können

Ein Lehrer berichtet in der Supervisionssitzung: »Ich habe einen Schüler, der mir total auf den Wecker geht. Ich finde ihn einfach unsympathisch und habe keinen Zugang zu ihm. Das fängt schon bei seiner Kleidung an und geht bis zum persönlichen Verhalten. Und was mir am meisten zu schaffen macht: Er hat doch das Recht auf faire Behandlung, die ich ihm aber nicht garantieren kann – und ich selbst bekomme deswegen Schuldgefühle.«

Der Lehrer steht zwischen dem Anspruch, seinen Schüler fair zu behandeln, und seinen Empfindungen und Gefühlen.

Eine Grundschullehrerin kommt in die Beratung und beklagt sich über einen 9-jährigen Schüler, mit dem sie überhaupt nicht fertig wird. Mit Tränen in den Augen und einem »Mischgefühl« aus Wut, Hilflosigkeit und Schuld sagt sie: »Manchmal wünsch' ich ihn zum Teufel … Und wenn ich diese Gedanken habe, dann komme ich mir ganz schlecht vor …«

Die Lehrerin schwankt zwischen ihrer Hilflosigkeit und ihren »schlechten Gedanken«. Kollegien und Klassen sind Zwangsgebilde. Sie entstehen nicht auf Grund freiwilliger Entscheidungen, sondern durch Zufälligkeiten, Sachzwänge, Notwendigkeiten und Fremdbestimmung. Insofern ist es, wenn Menschen zusammentreffen, normal, dass sie sich sympathisch oder unsympathisch finden, anziehen oder abstoßen, mit all den dazugehörigen divergierenden Empfindungen, Gefühlen und Gedanken. Inneres Davonlaufen ist möglich, äußeres nur in extremen Fällen.

····❯ Training ··

1 Blicken Sie in Ihre eigene Schulvergangenheit als Lehrerin/Lehrer und »erlauben« Sie sich, »Unsympathen« zu entdecken, einschließlich Ihrer damaligen Empfindungen, Gefühle und Gedanken:

Unsympathische Personen, weil	*Empfindungen, Gefühle, Gedanken*
....	....
....	....

··· Training ❬····

Zweierlei ist möglich: Zum einen gibt es wirklich Menschen, die man (gedanklich) »zum Teufel wünscht«, die einem unsympathisch sind und mit denen man nichts zu tun haben möchte.

Zum anderen besteht aber auch die Möglichkeit, dass man Menschen ablehnt, weil deren (unsympathisches) Verhalten an eigenes, unerwünschtes Verhalten erinnert.

Ich bin als Schüler von meinen Lehrern öfters als ein »lebendiges Kerlchen« erlebt und deshalb auch oft gelobt worden. Das tat mir gut. Manchen aber ging diese »Lebendigkeit« auf den Geist und sie nannten mich dann »Hektiker«. Dies gab mir immer einen Stich und tat weh. – Noch heute habe ich Schwierigkeiten, wenn ich auf »hektische« Menschen treffe. Sie sind mir bisweilen unsympathisch, weil ich durch sie mit meiner eigenen »Hektik-Vergangenheit« (wieder) konfrontiert werde.

> **Gehen wir (auch) auf die Suche nach dem Unsympathischen in uns selbst.**
> **Gehen wir auf die Suche nach dem Sympathischen in uns selbst.**

Ein Lehrer zu einem Schüler: »Weißt du, manchmal kann ich dich wirklich nicht ausstehen – und dann wieder könnt' ich locker auf ein Bier mit dir gehen.« Der Schüler grinst ihn an und sagt: »Sehen Sie, so geht's mir auch«, holt aus der Tasche eine Colabüchse, öffnet sie zischend und prostet dem Lehrer zu.

So ist das mit den zwischenmenschlichen Beziehungen, mit Nähe und Distanz … Da Emotionen und Gefühle u. a. auch der »Motor für unser Handeln« sind, ist es notwendig, sich der »unsympathischen Gefühle« bewusst zu werden und sie sich zuzugestehen. Erst dann und dadurch ist es möglich, einen Zugang zu den »Unsympathen« zu finden und mit ihnen alltagstauglich umzugehen.

····❖ Training ···

2
Es gibt eine Übung, wie Sie mit Personen, die Ihnen unsympathisch sind, förderlich und sozialverträglich umgehen können. Sie kann alleine oder auch in der Gruppe, mit anschließender Reflexion und Überprüfung auf die Wirksamkeit in der Praxis, durchgeführt werden.

Teil I:
Setzen Sie sich bitte auf einen Stuhl und postieren Sie einen anderen Stuhl gegenüber. Stellen Sie sich vor, dass auf ihm eine Person (= »sie«) sitzt, die Sie sehr unsympathisch finden. Notieren Sie nun, was Sie an ihr nicht mögen; nennen Sie Eigenschaften und bewerten Sie sie so, wie Sie sie erleben, z.B. arrogant, abweisend, feige, hinterhältig, u.a.m. Notieren Sie Ihre Gefühle, die Sie ihr gegenüber haben (z.B. Abscheu, Wut,

Ärger ...). Notieren Sie, was Sie jetzt am liebsten machen *würden* (z.B. ihr die Meinung sagen; nicht mit ihr reden; weggehen ...).

Es hat sich also folgender Dreischritt ergeben:

Aus Ihrer	entstanden	und daraus
BEWERTUNG	GEFÜHLE	HANDLUNGEN

Machen Sie nun bitte eine kleine Pause; und dann:

Teil II:
Stellen Sie sich diese bestimmte Person wieder vor und notieren Sie, was Sie *hinter* dem Unsympathischsein bei ihr finden. Vielleicht ist sie doch nicht so arrogant, abweisend ... Vielleicht steckt doch noch etwas anderes (Annehmbares, Liebenswertes ...) dahinter? Vielleicht versteckt sie etwas, traut sich nicht, ist gehemmt, unsicher ...? Notieren Sie Ihre Gefühle, die Sie ihr gegenüber haben, wenn Sie *dahinter blicken* (vielleicht Mitleid ...?). Notieren Sie, was Sie jetzt tun würden (vielleicht doch mit ihr reden?).

Es hat sich wiederum ein Dreischritt ergeben:

Aus Ihrer (anderen?)	entstanden (andere?)	und daraus (andere?)
BEWERTUNG	GEFÜHLE	HANDLUNGEN

Hinweis: Diese Umbewertung geschieht zunächst nur mental mit der jeweiligen Person, kann aber auch dann direkt im Gespräch mit ihr geschehen. Jedoch Vorsicht: abschätzen, mit welche Menschen dies möglich ist und mit welchen nicht. Es liegt also an *Ihnen*, wie Sie einen Menschen sehen, einschätzen, betrachten, bewerten ... Verändern sich Ihre Bewertungen und Einstellungen zu ihm, so verändern sich auch Ihre Gefühle und damit Ihre Handlungen. Und bedenken Sie: Bewertungen können Sie durch Umbewertung verändern! Dies ist nicht erzwingbar, aber möglich.

Ein Mädchen sagt zu seiner Freundin: »Ich bin ganz verliebt in Pat, obwohl ich ihn zunächst ziemlich doof fand.«

In der Pause sehe ich zwei Jungen heftig streiten. Zwei Stunden später verlassen sie einträchtig die Schule, während der eine dem anderen zuruft: »Also bis nachher beim Training ...«

3 In der Gruppe: Denken Sie an einige Personen in der Schule, die ihnen unsympathisch sind, und trainieren Sie die o.g. »mentale Umbewertung« mit dem Ziel, einen Zugang zu den Personen zu bekommen und fair und handlungssicher mit ihnen umzugehen.

4 Führen Sie – innerhalb der Gruppe – antizipatorisch ein Gespräch direkt mit einer Person, die Ihnen unsympathisch ist. Vorbereitung dazu ist die »mentale Umbewertung«, um dann der Person einige *Verhaltensbeschreibungen* mitzuteilen, z.B. durch folgendes Vorgehen:

a) Ich möchte gerne mit dir reden, weil ich in der Beziehung zu dir Schwierigkeiten habe … Pause

b) Reaktion des Gegenübers abwarten: Bei Zustimmung: Fortführung, bei Ablehnung: Beendigung des Gesprächs

c) Beschreibende Mitteilungen, in denen das DU erlaubt ist (statt Bewertungen wie unsympathisch, arrogant, abweisend …): Du fällst mir öfters ins Wort, wenn ich rede; Du sprichst manchmal sehr abwertend über mich; ich fühle mich nicht akzeptiert …

d) Auf die Rückmeldung des Gegenübers eingehen, eigene Sichtweisen ergänzen und die Beziehung klären

e) Veränderungswünsche äußern und ggf. Vereinbarungen treffen

5 Und schließlich, nach den beiden Trainingsphasen (1) und (2), ein Life-Gespräch mit einem realen Gegenüber durchführen … Erfahrungen/Ergebnis?

....

....

....

.... **Training** ❖···

41 Streiten: eine Unkultur

Ziel: zur Gesprächskultur gelangen

»Ich streite gerne«, sagte A. – »Und du gewinnst wohl auch gerne?«, äußerte B. Daraufhin nickte A und B fragte: »Und wie geht es dann den Verlierern?«

Für die meisten Lehrerinnen/Lehrer, die ich zum Thema Streiten befragt habe, ist dieses Wort negativ besetzt und stark verbunden mit der Erfahrung des Gewinnens und Verlierens, von Sieg und Niederlage. Deshalb lehne ich den Begriff *Streitkultur* ab und spreche dafür von *Gesprächskultur*.

⋯⋮ Training ⋯⋯⋯⋯⋯⋯⋯⋯⋯⋯⋯⋯⋯⋯⋯⋯⋯⋯⋯⋯⋯⋯⋯⋯⋯⋯⋯⋯⋯⋯⋯⋯

1 Notieren Sie Ihre Erfahrungen mit »Streiten«, reden Sie darüber in der Gruppe und diskutieren Sie meine geäußerte Meinung.
Ergebnis: ....

....

....

⋯⋯⋯⋯⋯⋯⋯⋯⋯⋯⋯⋯⋯⋯⋯⋯⋯⋯⋯⋯⋯⋯⋯⋯⋯⋯⋯⋯⋯⋯⋯ Training ⋮⋯

Aus dem *Streiten* wird eine *Gesprächskultur*, wenn Menschen …
- klar ihre Meinungen sagen und die Meinungen der anderen akzeptieren
- sich von anderen Meinungen distanzieren (»Ich denke da ganz anders als Sie.«)
- unverfälscht (und dennoch sozialverträglich) ihre Gefühle äußeren (Wut, Zorn, Ärger, Angst …)
- sich selbst behaupten, Wünsche und Erwartungen mitteilen
- zuhören, überlegen … und ggf. ihre Meinung ändern
- nach Gemeinsamkeiten suchen und Vereinbarungen treffen
- beobachten, entscheiden, Rückmeldung geben, sich abgrenzen
- das Gespräch, mit oder ohne Vereinbarung, friedlich beenden

2

Sprechen Sie in der Gruppe über eigene Streiterfahrungen und Streitansichten, wahr-
scheinlich kontrovers – was sogar sozialverträglich möglich ist ...
Ergebnis/Konsequenzen: ....
....
....

Hinweis: Es kann sein, dass Sie manchmal gerne und mit Lust streiten. Da geht es dann
weniger um das Siegen (und Verlieren), sondern um sprachlichen Wettstreit, rhetori-
sche Kunstfertigkeiten, argumentativen Austausch und um verbales »Ping-Pong«: Viel
Spaß! Etwas anderes ist es, wenn Streiten verstanden wird als *die Wirklichkeit des Gegenübers vernichten wollen, um an deren Stelle die eigene absolut zu setzen.*

Deshalb mein Vorschlag: Statt Streit-»Unkultur« Gesprächskultur üben und pflegen:
- Jeder Mensch hat seine eigenen Erfahrungen, seine persönlichen Wirklichkeiten,
  seine Vorstellungen von Wahrheit.
- Jeder hat das Recht auf eine eigene Meinung: Meinungen sind eben Ansichts-Sache.
- Jeder hat das Recht, sie mitzuteilen: Viele Meinungen ergeben ein buntes Bild.
- Sichtwechsel erweitert den eigenen Blickwinkel und die Position der anderen
  bringt bisweilen Überraschungen.
- Positionen haben Vor- und Nachteile: Gehen wir auf die Suche und wägen wir ab.
- Mit kleinen Schritten kommt man besser ans Ziel: Man kann dabei mehr sehen
  und weniger übersehen.
- Die Suche nach Gemeinsamkeiten bringt Gewinn für beide: Jeder soll als Gewin-
  ner vom Platz gehen (WIN-WIN-Modell).
- Vereinbarungen sind der Knoten, der den Sack zumacht: Jeder weiß, wie er dran ist.
- Bei Nichtvereinbarungen kann man in Frieden auseinandergehen und sich in Ruhe
  lassen

3

Besprechen Sie in der Gruppe meine Aussagen, ggf. auch Pro und Kontra. Mein Vorschlag:
Setzen Sie die Gesprächskultur gleich in die Realität um.
Erkenntnis: ....
....

4 Möglicherweise taucht auch der Begriff »Streitschlichtung« auf. Auch diesen bitte erörtern.

.... Training ⁝⋯

Zur Klärung mein Exkurs

»Streitschlichtung« ist eine Tätigkeit, um den »Streitenden« zu helfen, wieder zu einer für beide Seiten zufriedenen Beziehung zu gelangen: Lehrerinnen und Lehrer machen sich kundig und fähig, selbst Streit zu schlichten und trainieren Schülerinnen und Schüler in der Absicht, diese zu kompetenten Streitschlichtern auszubilden – eine längerfristige Angelegenheit (und kein Schnellverfahren an einem Fortbildungswochenende!). Dabei geht es um alltägliche Schülerstreitigkeiten, nicht jedoch um gravierende Störungen, Verletzungen oder gar Mobbing. Diese gehören in die Konfliktlösearbeit von professionellen Beratern. Ziel ist, aus den Streitverflechtungen herauszukommen, faire Gespräche zu führen und Handlungslösungen zu erreichen.

Fünf Stufen eines Streitschlichtungsprozesses (Kurzform)

1. Begrüßung, Kontrakt, Zielvereinbarung: Die P (= Parteien) kommen *freiwillig*, wollen *von sich aus* eine Schlichtung, haben *Entscheidungsfreiheit*, werden zu nichts durch den S (= Schlichter) verpflichtet. Er verspricht *Unparteilichkeit* und *Verschwiegenheit*.
2. Darstellung der verschiedenen Sichtweisen und Klärung durch kommunikatives »Ping-Pong«: Ursachen und (Hinter-)Gründe des Streits, Gefühle, Benachteiligungen, Verletzungen der P, Motive, Wünsche, Bedürfnisse, Absichten …
3. Sichtwechsel: A schlüpft in die Rolle von B und umgekehrt; es eröffnen sich neue Perspektiven, durch die sich häufig eine Reihe von Lösungsvorschlägen ergeben.
4. Lösungsvorschläge: Die P bringen Vorschläge ein, wägen ab, diskutieren die Vor- und Nachteile, sprechen über Realisierungsmöglichkeiten. Sie sagen klar, was sie vom Gegenüber brauchen, sich von ihm wünschen, zu welchen Schritten sie selbst bereit sind und was sie geben können.
5. Abschluss: Lösungen, Vereinbarungen, weiteres Vorgehen, ggf. Verhaltensüberprüfung, Feedback und Ausblick.

Hinweis: Ich halte die Ausbildung von Schülerinnen/Schülern zu Streitschlichtern, wenn sie sorgfältig geschieht, für außerordentlich sinnvoll, weil sie durch ihre Tätigkeit selbst hohe personale und soziale Kompetenzen erhalten, z. B. Selbstbewusstsein, Einfühlungsvermögen, Ausdrucksweise, Vermittlungsfähigkeit u. Ä.

5 Falls »Streitschlichtung« in Ihrer Schule noch nicht realisiert ist: Diskutieren Sie über Möglichkeiten, Notwendigkeiten und Umsetzung.

6 Falls jemand mit Ihnen streiten will – und Sie nicht: Was antworten Sie auf folgende »streitbaren« und »angriffslustvollen« Sätze (ohne zu »kontern«, ohne »Gegenstreit«):

Streitbares	*Un(be)streitbares*
Als Beamter können Sie ja abends sorglos einschlafen.	....
	....
Schule hemmt die individulle Entwicklung der Kinder.	....
	....
Lehrerkinder sind arme Schweine.	....
	....
Meine Lehrer/Lehrerinnen von früher: Pure Sadisten/Sadistinnen!	....
	....

7 Sie können auch diese Sätze der Gruppe mitteilen, die (schriftlichen) Antworten von allen einsammeln, vorlesen und dann darüber diskutieren.
Ergebnis/Schlussfolgerungen: ....
....
....

Empfehlung: Probieren Sie, auf alle Aussagen »nur« verstehend und empathisch zu reagieren, z.B.: »Als Beamter können Sie ja ...« Mögliche Antwort: »Das klingt, als ob Sie es in Ihrem Beruf nicht könnten.« Wie würde dann die Reaktion ausfallen?

....
....
∙∙∙ **Training ⊹⋯**

Hinter »Streitsätzen«, formuliert als Rechthaberei, Bagatellisierung, Abwertung, Ironie, Sarkasmus, stehen meist persönliche Aussagen wie Betroffenheit, Enttäuschung, Verletzung, Kränkung. Deshalb sind authentische und einfühlende Reaktionen förderlich und zeugen von einer echten Gesprächs*kultur*.

42 Immunisierungen

Ziel: sich vor Vorwürfen und Beschimpfungen schützen

Vom Streit, wenn er ausartet, ist es nicht weit zu deftigen Vorwürfen und heftigen Beschimpfungen. Dagegen können Sie sich immunisieren.

⋯⋮⟩ Training ⋯⋯⋯⋯⋯⋯⋯⋯⋯⋯⋯⋯⋯⋯⋯⋯⋯⋯⋯⋯⋯⋯⋯⋯⋯⋯⋯⋯⋯⋯⋯⋯⋯⋯

1 Stellen Sie sich eine verbale Entgleisung eines Schülers/einer Schülerin vor, der/die z.B. bei Erhalt eines Arbeitsblattes zu Ihnen sagt: »Den Scheiß können Sie behalten.«

Meine Gefühle/Gedanken	*Mein Verhalten/meine Handlung*
Unverschämtheit: Ich bin empört.	
Ein verbaler Ausrutscher ...	
Typisch: Keine Kinderstube!	
Hab ich auch schon mal gesagt.	
O Gott, was mache ich jetzt?	
Du kannst mich mal ...	
Kann jedem passieren.	
Ich bin geschockt.	
Der hat wohl keine Lust?	
Oder:	

Persönliche Einschätzung: Waren Ihre Reaktionen kontrolliert, rational, affektbesetzt, gefühlsbetont? ....
....
....

2 Als Reaktion auf Vorwürfe, Beschimpfungen gibt es nun zwei Möglichkeiten:
a) *Eingreifen aus dem Affekt:* Sie sind Ihren Emotionen ausgesetzt/ausgeliefert und agieren unkontrolliert, z.B.: aus Wut heraus auf Beschimpfungen selbst wiederum mit Beschimpfungen reagieren; aus »Rache« zuschlagen, unangemessen handeln und bestrafen; aus Verletztsein selbst verletzen ...
b) *Eingreifen mit »Kopf, Herz und Hand«:* Sie reagieren kontrolliert, indem Sie deutlich die Grenzüberschreitung stoppen, deeskalierend reagieren: beruhigend wirken,

abwarten, verstehen, nachfragen, ggf. klären ..., selbst Betroffenheit, Ärger, Enttäuschung zeigen.

3 Halten Sie bitte kurz inne und überlegen Sie, ob Sie tendenziell affektiv oder kontrolliert handeln.
Ergebnis: ....
....

.... **Training** ⟨⃛

Handlungsmodell Transformation

Es besteht darin, dass die Vorwürfe, Beschimpfungen ... transformiert werden, und zwar von der *Affektstufe* (I) über die *Gefühlsstufe* (II) zur *Problemstufe* (III):

Struktur   *Handlungsreaktion*

Stufe I: affektives Verhalten   *Verhalten stoppen*

- Sie Riesenarschloch; verpiss dich; halt's
  Maul!
- zuschlagen; Sachen beschädigen

- »Nicht in diesem Ton!«
- »Hören Sie auf, so mit mir zu reden!«

Stufe II: Gefühle, Gedanken   *Gefühle aufnehmen, erfragen*

- Wut, Zorn, Ärger, Enttäuschung,
  Kränkung ...
- Ich könnte ihn abwürgen; an die
  Wand drücken

- »Ganz schön aufgebracht!«
- »Nicht Ihr bester Tag heute ...«
- »Dann muss was Heftiges passiert
  sein, wenn Sie ...«

Stufe III: Problem, existenzielle Not   *Problem ansprechen*

- Ich komme nicht klar, bin hilflos ...
- Ich weiß nicht mehr weiter ...
- Ich bin verzweifelt ...

- Was ist konkret passiert?
- Darüber möchte ich mit Ihnen
  reden ...«

> **Häufig gilt: Je stärker die Vorwürfe und Beschimpfungen, desto größer die Not**

Es wird deutlich, dass Menschen, vor allem wenn sie in Konflikte geraten, unter Stress stehen, erschrocken sind oder sich bedroht fühlen, »eigentlich« etwas ganz anderes meinen, als was sie sagen bzw. tun. Verbale Attacken und körperliche Tätlichkeiten erscheinen so in einem anderen Licht und Täter können besser verstanden werden.

Zur Klarheit: Beschimpfungen anderer *verstehen* und sie deuten (= entschlüsseln) heißt nicht, sie einfach hinzunehmen und ist kein *Freibrief* anderer für Beschimpfungen, nach dem Motto: Der/die hat ja Verständnis, den/die kann man ungehindert beschimpfen!

Deshalb: Transformieren Sie und entscheiden Sie im Bedarfsfall: Zuerst stoppen und dann verstehen – oder zuerst verstehen und dann stoppen bzw. Klärung herbeiführen – aber erst *nach* der Akutsituation bzw. Eskalation! (Im Affektzustand können Menschen schwerlich rationalisieren und Probleme lösen.)

Wenn Sie über diese drei Stufen und die tieferliegenden Gründe Bescheid wissen, können Sie entscheiden, wie Sie sich verhalten werden:

1. auf die Vorwürfe und Beschimpfungen selbst wiederum mit Vorwürfen und Beschimpfungen reagieren
2. die dahinterliegenden Gefühle/Gedanken eruieren (z. B. durch Erfragen), aufgreifen und sie akzeptieren und einfühlsam sein
3. die Hilflosigkeit und das persönliche Problem der jeweiligen Person verstehen und ihr lösungsorientiert helfen

····⋗ **Training** ···

4

Besprechen und reflektieren Sie in der Gruppe dieses Transformationsmodell auf dem Hintergrund Ihrer eigenen Beobachtungen und Erfahrungen und ziehen Sie Schlussfolgerungen. Das heißt für uns:

....

....

·· **Training** ⋖····

Die *Immunisierung* besteht nun darin, das Transformationsmodell anzuwenden, d. h. sich der drei Stufen bewusst zu werden. Wer genug Selbstbewusstsein und Selbstwertgefühl hat, der hält auch die Beschimpfungen anderer aus, weil er sie nicht auf sich bezieht (= Ich ziehe mir den Schuh nicht an), sondern weil er sie als Ausdruck der Gefühle und Probleme ... *des anderen* »entschlüsselt«.

P. S. zur Stufe I: Ich höre affektive Äußerungen nur noch *akustisch*, weil ich nicht das bin, als was ich bezeichnet werde. Dies zu können, braucht viel Übung. Deshalb: Gleich mit dem Training beginnen:

···✦ Training ···

5 Notieren Sie in der Gruppe Fallbeispiele, in denen Sie Vorwürfen und Beschimpfungen ausgesetzt waren: Analysieren Sie Ihre Reaktionen und trainieren Sie in Rollenspielen Ihr Verhalten durch die Anwendung des Transformationsmodells.

Mit ihm können Sie sowohl Angriffe anderer »übersetzen« (= *inter*kommunikativer Vorgang) als auch eigenes Angriffsverhalten »durchschauen« (= *intra*kommunikativer Vorgang).

Somit hat Ihre »Transformation » mehrere Ziele:

- Verstehen der Vorwürfe, der Angriffe, der Beschimpfungen
- Schutz vor diesen Angriffen (weil Sie sie anders deuten)
- Förderung des eigenen sozialverträglichen Handelns, indem Sie die Stufe I meiden und die Stufen II und II aktivieren
- Umlernhilfen geben: Trainieren Sie mit Schülern/Schülerinnen und Kollegen/Kolleginnen das Transformationsmodell: »Von der Beschimpfung zum fairen Gespräch« (Näheres siehe R. Miller: »Du dumme Sau!«. Ein Schülerarbeitsheft. Karlsruhe, Schulwerkstatt-Verlag, 2013).

·· Training ✦···

> Von wem ich mich beschimpfen lasse, bestimme ich!

Ein Vater, Rechtsanwalt, wirft einer Lehrerin mit heftigen Worten vor, nicht genügend getan zu haben, damit sein Sohn in das Gymnasium käme (Stufe I), sondern stattdessen – nach ihrem Vorschlag – in die Hauptschule. Im Vermittlungsgespräch wird sein Ärger deutlich (Stufe II) und am Ende sagt er: »Wer übernimmt denn dann in 15 Jahren meine Kanzlei?« (Stufe III)

Ein Lehrer: »Neulich rastete eine Schülerin aus und sagte zu mir, ich sei das größte Arschloch in der Schule. Früher hätte ich mich darüber furchtbar aufgeregt. Inzwischen kann ich ›transformieren‹ und mich schützen (= Ich bin kein Riesenarschloch) und mit ihr über ihr Ausrasten reden. Am Ende hat sie sich sogar entschuldigt.«

Hinweis: Ich empfehle Ihnen Trainingsseminare unter versierter Leitung. Diese bestehen aus drei Teilen: Konfrontation mit Gewalttätigkeiten im Schonraum der Simulation, Reflexion des Handelns, Einübung des Transformationsmodells mit dem Ziel des Verstehens und der eigenen Immunisierung.

43 Im Team arbeiten

Ziel: sich als Team finden und lösungsorientiert arbeiten

»Ich bin mit Vorbehalten in ein Team gegangen« sagte mir ein Lehrer, »weil ich der Meinung war, dass meine individuellen Qualitäten nicht genügend zur Geltung kommen würden. Aber dann merkte ich rasch, dass durch die Zusammenarbeit ganz neue Qualitäten entstanden. Das war schon sehr beeindruckend.«

Teamarbeit lohnt sich!

Wussten Sie, dass Gänse, die in V-Formation fliegen, einander das Fliegen erleichtern und ein Vogelschwarm auf diese Weise 71 % mehr Flugleistung erreicht als ein allein fliegender Vogel?

Vorteile der Teamarbeit!

Ja, es entstehen neue Qualitäten, denn: Viele Augen nehmen mehr wahr. Viele können mehr als einer, die Kompetenzen verdichten und die Lasten verteilen sich. Zwei oder drei kommen der Wahrheit näher als einer. Teamarbeit ist also sinnvoll, sei sie in der Schulleitung, im Kollegium oder in Klassen.

⋯⋗ Training ⋯⋯⋯⋯⋯⋯⋯⋯⋯⋯⋯⋯⋯⋯⋯⋯⋯⋯⋯⋯⋯⋯

1 Welche Erfahrungen haben Sie als Einzelkämpfer/Einzelkämpferin und/oder als »Teamplayer« in Ihrem Beruf gemacht?

⋯⋯⋯⋯⋯⋯⋯⋯⋯⋯⋯⋯⋯⋯⋯⋯⋯⋯⋯⋯⋯⋯⋯⋯⋯⋯⋯⋯⋯⋯⋯⋯⋯

⋯⋯⋯⋯⋯⋯⋯⋯⋯⋯⋯⋯⋯⋯⋯⋯⋯⋯⋯⋯⋯⋯⋯⋯⋯⋯⋯⋯⋯⋯⋯⋯⋯

(Wobei ich annehme, dass Sie gute Erfahrungen mit Teamarbeit gemacht haben, sonst hätten Sie dieses Buch, mit vielen Gruppenübungsangeboten, schon längst beiseitegelegt.)

⋯⋯⋯⋯⋯⋯⋯⋯⋯⋯⋯⋯⋯⋯⋯⋯⋯⋯⋯⋯⋯⋯⋯⋯⋯⋯ **Training** ⋖⋯

Teambildung kann ge-/erwünscht, aber nicht erzwungen und die Zusammensetzung nicht verordnet werden. Sie geschieht durch die Beteiligten selbst, sei es aus Sympathie, sei es aus sachlichen und funktionalen Gründen.

Die Einzelnen brauchen Klärung: Will ich, kann ich im Team arbeiten? Welcher Typ bin ich, wenn es um gemeinsames Arbeiten geht? Was gebe ich auf, was gewinne ich? Wer passt zu wem?

Der Gewinn muss größer sein als der Aufwand, die Entlastung höher als die Belastung, wie in einer guten Ehe:

> **Teamarbeit: Nicht wie in einer Ehe, in der die Partner die Schwierigkeiten gemeinsam lösen, die sie nicht hätten, wenn sie alleine wären!**

····⋗ **Training** ···

2 Überprüfen Sie, ob in Ihrem Team die nachfolgenden Kriterien gegeben sind:

Kriterien	ja	nein
gemeinsame Ziele, gemeinsame Aufgaben haben	❑	❑
kooperieren und gemeinsam Produkte erstellen	❑	❑
in der Balance sein zwischen den Polen Selbstständigkeit und Anpassung	❑	❑
Akzeptanz und Unterstützung durch Schulleitung und Kollegium	❑	❑
Transparenz des Prozesses durch die Teams (keine Verschleierungen)	❑	❑
Klärung des Rahmens und der Bedingungen	❑	❑
Dauerhaftigkeit, Verlässlichkeit, Frustrationstoleranz der TN	❑	❑
verbindliches Ja der Mitglieder zur Mitarbeit	❑	❑
soziale und fachliche Kompetenzen, Verantwortungsbewusstsein	❑	❑
breit gestreute Fähigkeiten der Teammitglieder	❑	❑

Ergebnis: ....

Schlussfolgerungen: ....

....

··· **Training** ⋖····

> Teamarbeit: Vom Einzelkämpfer zum Teamplayer, von der Beliebigkeit zur Verbindlichkeit, von der Belastung zur Entlastung, vom Guten zum (noch) Besseren

Neun »goldige« Regeln zur Verhinderung von Teamarbeit

1. Komme immer zu spät zur Schule und gehe früher nach Hause, damit du keine Kolleginnen/Kollegen triffst, die dich zur Teamarbeit auffordern könnten.
2. Meide Lehrerzimmer. Es könnte sein, dass dort über Teamarbeit diskutiert wird.
3. Vermeide Kontakte mit deinem Schulleiter. Er könnte dir Teamaufgaben übertragen.
4. Gehe finsteren Blickes durch das Schulhaus, damit du möglichst wenig angesprochen wirst.
5. Verschanze dich in deinem Klassenzimmer und erwecke den Eindruck einer total gestressten Lehrkraft.
6. Sprich immer abfällig über Teamarbeit und gib zu verstehen, dass Gruppendynamik nur etwas für Psychologen ist.
7. Zeige dich nie im Gespräch mit anderen, damit dein Image als Einzelgänger erhalten bleibt.
8. Schreibe anonyme Briefe, in denen steht, dass Teamarbeit nur eine Versammlung von frustrierten Wichtigtuern ist.
9. Lasse dich nie dazu überreden, in deinen Klassen Gruppen- und Teamarbeit einzuführen.

···⫶ **Training** ···

3

Fragen Sie sich und andere, ob Sie ein guter Teamplayer sind oder nicht.

Selbstwahrnehmung:
- ja, weil ....
- geht so, weil ....
- nein, weil ....

Fremdwahrnehmung:
- ja, weil ....
- geht so, weil ....
- nein, weil ....

4 Ich zeige ein Szenario, durch das die Teammitglieder ziemlich gut ihre Teamfähigkeit überprüfen können, und zwar durch folgendes Prozedere:

a) Die TM (ca. 10 bis 12) bilden zwei Gruppen I und II, zu je 5 bis 6 Personen.

b) Der übergeordnete Teamleiter beider Teams gibt dem Team I (ohne Wissen des Teams II) die Aufgabe, ein Gebäude aus Papier/Pappe zu bauen (etwa ein Wohnhaus, ein Bahnhofgebäude, eine Fabrikhalle, ein Museum ... Der Fantasie sind keine Grenzen gesetzt.)

c) Maßangaben: max. 50 x 50 cm Grundfläche; Höhe max. 70–80 cm; Arbeitszeit zwischen 90 und 120 Minuten

d) Die Materialien dazu (für beide Teams) liegen bereit: starkes Papier/Pappe, Holzleisten, Scheren, Klebstoff, Klebeband, Farbstifte (Gute Beziehungen zum Werklehrer sind äußerst hilfreich – oder ist er sogar dabei?)

e) Team II bekommt die Aufgabe, die Bautätigkeit von Team I nachzumachen, ohne zu wissen, was Team I vorhat, und zwar: durch Beobachten aus der Distanz und Nähe, jedoch nur nonverbal (Gespräche im Team sind erlaubt, nicht jedoch zwischen Team I und Team II, auch keine Hilfen zwischen den Teams.)

f) Nach Beendigung der Bautätigkeit, die Team I vermutlich früher abgeschlossen hat als Team II, werden die Ergebnisse vorgestellt: mit Würdigung aller Beteiligten, Applaus ...

In der Schlussrunde, die aus beiden Teams besteht, kommen unter Moderation des Teamleiters alle Teammitglieder zu Wort:

a) Selbstmitteilung: Wie ich mich im Team erlebte

b) Feedback aus dem Team: Wie mich die anderen erlebten

c) Gesamtaussprache, Schlussfolgerungen, Vorhaben ...

.... Training

Und dann: hoffentlich zur Zufriedenheit aller und mit einer gelungenen »Baufeier«.

> Statt konkurrieren kooperieren: Wir sitzen alle in einem (Schul-)Boot!

44 Feedback: Wie geht das?

> Ziel: Feedback geben lernen

Ich halte einen Vortrag und lese Tage später die Rezension über ihn und mich … Erstaunt bin ich inzwischen nicht mehr, dass sie so ausgefallen ist, als wäre ein anderer Referent der Vortragende gewesen. Denn: Ich erlebe es häufig, dass das, was ICH sage, bei anderen »so ganz anders angekommen ist«.

Leider habe ich selten die Gelegenheit, dass Rezensenten mir ein Feedback über das Gehörte geben, *bevor* sie sich ans Schreiben machen.

⋯⋗ Training ⋯⋯⋯⋯⋯⋯⋯⋯⋯⋯⋯⋯⋯⋯⋯⋯⋯⋯⋯⋯⋯⋯⋯⋯⋯⋯⋯⋯⋯⋯⋯⋯⋯⋯

1

Sie erfahren Feedback fast jeden Tag, beispielsweise, wenn Sie etwas erklären oder Hausaufgaben geben, dass die Schüler/Schülerinnen Ihre Mitteilungen »so ganz anders« hören (FB = »Futter geben«).
Bitte notieren Sie Ihre Erfahrungen, die Sie diesbezüglich haben:

⋯⋯

⋯⋯

Meine Schlussfolgerungen: ⋯⋯⋯⋯⋯⋯⋯⋯⋯⋯⋯⋯⋯⋯⋯⋯⋯⋯⋯⋯⋯⋯⋯⋯⋯⋯⋯⋯⋯⋯⋯⋯⋯⋯

⋯⋯

⋯⋯⋯⋯⋯⋯⋯⋯⋯⋯⋯⋯⋯⋯⋯⋯⋯⋯⋯⋯⋯⋯⋯⋯⋯⋯⋯⋯⋯⋯⋯⋯⋯⋯⋯⋯⋯⋯ Training ⋖⋯

Wenn Menschen Feedback geben, dann informieren sie darüber, wie Botschaften angekommen sind, wobei es (vor allem in Konfliktfällen) häufig der Fall ist, dass Selbst- und Fremdwahrnehmung ziemlich auseinanderklaffen können: Ich habe z. B. den Eindruck, mich relativ zurückhaltend gegeben zu haben, erfahre aber von anderen, dass ich auf sie ziemlich dominant gewirkt habe. Dabei spielen der Kontext und die nonverbalen Botschaften eine große Rolle. Deshalb ist Feedback bestens geeignet, Vergewisserung über Gesagtes zu bekommen.

> **»Sag' mir, wie meine Botschaft bei dir angekommen ist, damit ich weiß, wie ich in der Kommunikation fortfahren kann.«**

Das Feedback ist auch Ausdruck der Offenheit, des gegenseitigen Vertrauens, des achtsamen Umgangs mit sich und anderen: Ich teile den anderen mit, wie es mir geht, wie ich über mich denke, wie ich zu mir selbst stehe … Ich teile den anderen mit, wie sie auf mich wirken, wie ich zu ihnen stehe und was ich über sie denke.

Dabei hat mein Feedback sowohl etwas mit mir selbst als auch mit den anderen zu tun, denn: Ich sage *etwas von mir und zu den anderen*:

> Wir hören auf, uns zu entwickeln, wenn wir kein Feedback mehr bekommen.

Als Lebewesen sind wir eingebettet in ein »Milieu«, in unsere Umwelt. Wir agieren, wirken und lösen aus – und das, was wir bewirken, hat wiederum Rückwirkungen auf unser Verhalten.

····⟩ **Training** ···

2 Sie agieren vor der Gruppe (eine Rede halten, eine Information vermitteln, ein Gespräch führen, einen Sketsch spielen ...) und bitten sie, Sie dabei zu beobachten und Ihnen dann Feedback zu geben. Wie verschieden wohl die Antworten ausfallen werden?

···

···

·· **Training** ⟨····

Wir reagieren auf dieselben Reize verschieden; wir hören heraus, was wir heraushören wollen bzw. was wir gewohnt sind zu hören. Unsere Wahrnehmungen sind »besetzt«. Deshalb antworten wir auch verschieden: Was der Sender sendet und der Empfänger wahrnimmt, kann sehr nahe beieinander, aber auch meilenweit entfernt sein.

> Deshalb ist Feedback ein wesentlicher und bedeutsamer Bestandteil in der zwischenmenschlichen Kommunikation.

Beim Feedback kommt es sowohl auf den Inhalt (Sachebene) als auch auf die Art und Weise der Vermittlung (Beziehungsebene) an, wobei die Beziehungsebene einen größeren Stellenwert in der Kommunikation hat als die Sachebene und diese »dominiert«. FB kann sowohl eine angenehme (keine Lobhudelei) als auch eine unangenehme (keine Destruktion) Botschaft sein, denn sie ist ja (erlaubte) »Rückmeldung« des Senders an den Empfänger, wobei es ersterer nicht in der Hand hat, was letzterer (heraus-) hört. Feedback ist Mitteilung *an* das Gegenüber, aber keine Veränderung *des* Gegenübers. Der Empfänger entscheidet, ob er ein Feedback will, was er damit macht und wie er damit umgeht.

···⟩ **Training** ··

3 Überdenken Sie Ihr bisheriges Feedback-Verhalten (auch mit anderen in der Gruppe) und vergleichen Sie es mit meinen Informationen:
Übereinstimmung mit ....

....

Bedenken bei ....
Ablehnung von ....

·· **Training** ⟨···

Was Feedback nicht ist

- Fehlermeldung: Sie ist notwendig und hilfreich, auch wenn sie auf u. U. unerwünscht sein mag.
- Kritik: Sie ist notwendig und hilfreich, wenn es um Verhaltensänderungen geht.
- Rache üben/eine »reinwürgen«: Feedback ist keine, wie auch immer geartete »Bühne« für Rachefeldzüge und Kampfhandlungen.
  Im Gegenteil:

> **Glücklich der Sender, wenn der Empfänger dessen Feedback als Geschenk empfindet.**

Auf jeden Fall ist FB eine Klärung der Kommunikation und des Verhaltens, letztlich eine Förderung der Entwicklung der einzelnen Personen, eine Vertiefung der Beziehungen untereinander und eine Optimierung der gemeinsamen Arbeit.

···⟩ **Training** ··

4 Überlegen Sie, welche Feedbacks, die Sie gegeben haben, förderlich für andere waren (oder fragen Sie sie). Weil ....

....

5 Überlegen Sie, welche Feedbacks, die Sie bekommen haben, förderlich für Sie waren und warum: ....

....

....

6 Trainieren Sie Ihr Feedbackverhalten in Interaktionen und Rollenspielen mit dem Muster nachfolgender Beispiele:

- *Selbstmitteilung* (statt Vorwurf): »Ich fühle mich wohl bei dir.« – »Ihre Bemerkung gestern hat mich gekränkt.« (= was das Gegenüber bei mir ausgelöst hat.)
- *Wirkung/Eindruck* (statt Zuschreibung): »Sie wirken auf mich sehr niederge-schlagen.« – »Ich habe den Eindruck, dass Sie etwas ganz anderes wollen als sie sagen.« (= wie der andere auf mich wirkt, welchen Eindruck er auf mich macht)
- *Beschreibung* (statt Bewertung): »Du hast schon seit längerer Zeit nichts gesagt.« – »Sie haben jetzt sehr lange geredet. Ich kann jetzt nicht mehr zuhören.« (= was ich beobachte)
- *Bewertung von Verhaltensweisen* (statt von Personen): »Ich finde es ungerecht, wie Sie die Kindern behandeln.« – »Sie sind sehr feinfühlig auf mich eingegangen.«
- *Äußerung im Hier und Jetzt* (statt im Damals): »Ich habe jetzt keine Zeit.« – »Momentan ist mir nicht nach Lachen zumute.«
- *Konkretion* (statt Verallgemeinerung): »Ich bin von Ihnen jetzt mehrmals unterbro-chen worden.« – »Ich kann mit dieser Musik nichts anfangen.«
- *Wünsche* (statt Befehle): Du wirkst auf mich abweisend. Ich hätte gerne mehr Kontakt zu dir.« – »Es tut mir gut, dass du dich um mich kümmerst. Bitte hilf mir auch weiterhin.«
- *Offenheit* (statt Verschleierung): »Ich arbeite gerne mit Ihnen zusammen.« – »Ich fühle mich von Ihnen manchmal übergangen; ich möchte gleichberechtigter Partner sein.«

7 Eigene Reflexion
Diese Beispiele sind für mich hilfreich, weil ....

....

....

Mir fällt es noch schwer, ...

....

....

Ich habe bisher folgende gute Erfahrungen gemacht: ....

....

....

.... **Training** ⁙⋯

45 Andere motivieren: chancenlos

> Ziel: Bedingungen schaffen, damit sich andere selbst motivieren können

Ein Vater geht mit seinen beiden Kindern in eine Buchhandlung, in der es viele Leseecken gibt. Er spendiert ihnen je 10 Euro mit den Worten: »Sucht euch was Schönes aus.« Der Junge, neun Jahre alt, kann schon lesen und eilt davon. Das Mädchen, etwa vier, und der Bilderbücher überdrüssig, bleibt zurück und murmelt: »Der kann schon lesen. Jetzt wird's Zeit, dass ich auch lesen lerne.«

Selbstmotivation des Mädchens: Es bewegt sich, weil es keine Lust mehr hat, Bilderbücher anzusehen (Fremdmotivation überflüssig).

Das Thema Motivation (lat.: *movere* = bewegen) hat über Generationen hinweg die Lehrerschaft beschäftigt – und manchmal schier zum Verzweifeln gebracht: »Wie kann ich meine Schüler und Schülerinnen motivieren?« lautete die Hauptfrage – und sie unternahm alles Mögliche und Unmögliche, dies zu erreichen bis in die heutige Zeit, in der es Lehrer und Lehrerinnen gibt, die mit allen Gottschalks konkurrieren wollen. Meist vergebliche Liebesmüh! Und das ein ganzes Lehrerleben lang …

····⋮ **Training** ···

1 Assoziieren Sie (oder auch als Brainstorming): Was mir zum Thema Motivation einfällt:
- aus Schulzeiten: ....
  ....
  ....

- als Lehrerin/Lehrer: ....
  ....
  ....

2 Was ich bisher über intrinsische und extrinsische Motivation gelernt habe/noch weiß:
....
....

3 Derzeitiger Stand meiner Schlussfolgerungen: ....
....

··· **Training** ⋮····

Als junger Lehrer unterrichtete ich in einer 5. Klasse (HS) u. a. auch das Fach Deutsch. Beim Kontrollieren der Hausaufgaben bemerkte ich eines Tages, dass Bernd sie nicht gemacht hatte, und ich bat ihn, sie mir am nächsten Tag zu zeigen. Als er sie nicht vorweisen konnte, bekam er den Auftrag, sie doppelt anzufertigen. Wieder Fehlanzeige. Mein nächster Schritt: zwei Stunden Nachsitzen. Bernd schwänzte. Ein Machtkampf zwischen ihm und mir zeichnete sich ab. Weitere Schritte: Brief an die Mutter, Alleinerziehende – Gespräch mit der Mutter – Gespräche mit Bernd ... Ich wurde immer unsicherer, war hilflos, empfand mich ohnmächtig, wusste nicht mehr weiter, bis ich schließlich kapitulierte und von Bernd keine Hausaufgaben mehr verlangte. – Im nächsten Deutschaufsatz schrieb er eine Zwei ...

Diese Erfahrungen brachten meine Einstellung zum Thema Motivation erheblich ins Wanken ... Ich begann, keinerlei Zwang mehr auf Lernende auszuüben, ließ Bestrafungen weg, wenn sie keine Hausaufgaben hatten, ließ mich auf keinerlei Machtkämpfe ein ...

Allerdings: Ich stellte weiterhin den Anspruch an mich, gut zu unterrichten; ich machte unterschiedliche und für die Schülerinnen und Schüler abwechslungsreiche Lernangebote, schuf ein lernfreundliches Klima, vertiefte meine Wahrnehmungsfähigkeit, war offen für Rückmeldungen, machte Vorschläge, gab Hinweise, Empfehlungen, Tipps – und hin und wieder auch »Stupser«, rüttelte wach, forderte auf und heraus, d. h., ich verstärkte ihre eigenen Erfahrungen und Lernabsichten, ganz nach dem Motto: Sie tranken Wasser – und ich spritze sie auch manchmal an (= Förderung der intrinsischen Motivation und Stimulieren – statt extrinsisch zu motivieren: vergleichbar mit einem Trainer, der an der Außenlinie Impulse gibt durch Klatschen, Zurufen ...).

Meine Meinung, meine Erfahrungen dazu: ....
....
....

····❖ **Training** ··

4

Zum Ausprobieren: Verschränken Sie die Arme und lassen Sie diese von anderen »öffnen«:
a) durch Zwang: entweder es geht nicht – oder Sie müssen nachgeben.
b) »dem anderen zulieb«: weil er es will

Beide Male haben Sie nicht freiwillig entschieden.
Und was ist, wenn Zwang und »dem anderen zulieb« wieder wegfallen?

Meine Erkenntnisse: ....

....

....

Menschen haben »Triebfedern« (Motive), die sie zu Eigenbewegungen veranlassen (Motivation), die Außenstehende fördern können (Motivationshilfe). Ethisch abzulehnen ist Manipulation (= Ich krieg dich schon noch dorthin, wohin ich dich haben will.). Ethisch fair, angemessen und verantwortlich jedoch sind Offenlegen der Absichten und Vereinbarungen über gemeinsame und/oder getrennte Vorgehensweisen.

Konsequenzen Selbstbewegung statt Fremdbewegen

Es gehört nicht zu den Aufgaben von Lehrerinnen/Lehrern, andere Menschen
- zu zerren, zu ziehen und an ihnen zu schnitzen, um sie zu verändern
- aus ihrer Verantwortung für ihr eigenes Tun zu entlassen
- sie gegen ihren Willen zu steuern
- mit Instruktionen, Impulsen und Appellen zu überhäufen, um sie dorthin zu bringen, wohin sie sie haben wollen.

Solche Art von Kommunikation ist für beide Seiten kontraproduktiv: Die einen müssen dauernd schieben – und verlieren dadurch Kräfte für andere Aktivitäten – und die anderen werden dauernd geschoben und können sich dadurch kaum gemäß ihrer eigene Individualität entwickeln.

Bewegt werden und Zwangsveränderungen von außen sind tödlich für einen lebendigen Organismus. Wie viele Lebewesen wurden schon »getötet«, weil andere meinten, sie durch Zwangsmaßnahmen von außen (u. a. durch Strafen) verändern zu können/zu müssen.

Ein Bauer konnte es nicht mehr erwarten, bis seine Rüben groß wurden. Deshalb zog er sie zu zeitig aus der Erde mit dem Ergebnis einer mickrigen Ernte. – Er bewegte die Pflanzen, statt ihnen ihre eigenen »Bewegungen« zu lassen …

> **Auf die Menschen übertragen heißt das: Man kann andere Menschen nicht wirklich motivieren (= bewegen); das müssen diese schon selbst tun.**

Das bedeutet, dass wir

- keinen Menschen wirklich zwingen können, sich zu verändern oder zu lernen.
- nicht »machen« können, dass andere etwas von sich aus »machen«.
- niemanden bewegen (= in diesem Sinne »motivieren«) können.
- jedoch günstige Bedingungen schaffen können, damit andere sich bewegen.
- Menschen bei Ihren Selbst-Bewegungen begleiten können.
- die Entwicklung einer Persönlichkeit, die ein Vorgang von innen nach außen ist, somit fördern können.
- nicht für das Lernen der anderen verantwortlich sind.

> **Hinter dem Wunsch, andere zu bewegen, steht die Angst, sie würden sich nicht dorthin begeben, wohin man sie haben möchte.**

⋯⋮ Training ⋯⋯⋯⋯⋯⋯⋯⋯⋯⋯⋯⋯⋯⋯⋯⋯⋯⋯⋯⋯⋯⋯

Schade, dass ich nicht mitbekomme, wie es Ihnen jetzt nach meinen Ausführungen zum Thema *Motivation* geht. Aber vielleicht interessiert dies manche aus Ihrem Kollegium – und sind sogar erleichtert darüber, andere nicht mehr motivieren zu müssen.

5 Diskutieren Sie in der Gruppe Ihre diversen Meinungen und besprechen Sie Konsequenzen für Ihre Arbeit in Schule und Unterricht.
Wir haben vor: ....

....

6 Lassen Sie folgende Sätze auf sich wirken:
- Ich werde Sie schon noch dazu bringen, dass Sie ...
- Ich werde Sie schon noch überzeugen, dass Sie ...
- Sie werden schon noch einsehen, dass Sie ...
- Auf, jetzt machen Sie doch endlich ...

Meine Empfindungen, meine Reaktionen: ....

....

⋯⋯⋯⋯⋯⋯⋯⋯⋯⋯⋯⋯⋯⋯⋯⋯⋯⋯⋯⋯⋯⋯⋯⋯ Training ⋮⋯

> **Ich kann nicht für dich gehen, aber ich kann für günstige Bedingungen sorgen und dich bei deinem Gehen begleiten.**

46 Ohne Lob auskommen ...

> Ziel: vom „Loben" zur wertschätzenden Selbstmitteilung gelangen

Der Lehrer kann die Schriftzüge von Andreas oft nur schwer entziffern. »Ich weiß schon«, meint der gutmütig, »ich hab halt eine Sauklaue.« »Dafür kannst du aber auf dem Bauernhof daheim mit deinen Händen fest zupacken«, sagt darauf der Lehrer und grinst ihn an. »Ja, schon«, murmelt Andreas und steckt seinen Kopf noch tiefer in sein Heft. Nach ein paar Tagen bekommt Andreas sein Aufsatzheft zurück, u. a. mit der Bemerkung: Andreas, ich kann deine Schrift jetzt schon viel besser lesen. Nach der Stunde merkt der Lehrer, dass Andreas etwas loswerden will, und blickt ihn ermunternd an. »Loben Sie mich nur nicht zu viel, sonst werd' ich leichtsinnig«, bekommt er zur Antwort. Und schon flitzt Andreas aus dem Klassenzimmer.

Andreas bewertet sich selbst als Versager. Lob ist er nicht gewohnt. Der Lehrer gibt ihm eine wertschätzende Rückmeldung. Andreas braucht Zeit, sie in sein eigenes Verständnis und seine Bewertung von Leistung einzuordnen.

····⫶ **Training** ···

1 Als Lehrer hätte ich folgendermaßen reagiert: ....
....

2 Wie ging es Ihnen, als Sie gelobt wurden
- als Kind/Schüler/Schülerin: ....
- als Erwachsener: ....
Wie auch immer: Sie wurden bewertet. Wurden Sie auch lobabhängig?

3 Zwei Empfehlungen:
- Überlegen Sie bitte, welchen Stellenwert *Loben* in Ihrer Beziehung zu anderen Menschen hat und welches Ziel Sie haben, wenn Sie loben.
....
....

- Erstellen Sie in Ihrer Gruppe, im gesamten Kollegium, ein Meinungsbild zum Thema Loben.
Ergebnis: ....
....

·· **Training** ⫶····

Wir können nie sicher wissen, wie das, was wir sagen und tun, bei anderen ankommt, auch wenn es noch so gut gemeint ist. Sogar beim Loben kann man nicht wissen, in welche Richtung es geht und was man damit auslöst.

Ich habe schon als junger Lehrer begonnen, Lob (und Strafe ebenso) aus meinem pädagogischen Repertoire zu streichen, weil sie mir auf Grund meines Menschenbildes und humaner Einstellungen nicht mehr »stimmig« erschienen und zu viel Bewertungen enthielten. Die Wurzeln meines Umdenkens reichen bis in meine Studienzeit:

Als Student machte ich die Erfahrung, dass meine/unsere Beiträge von Professoren entweder gelobt oder kritisiert wurden. Das war für mich völlig normal. Kurz vor dem Examen nahm ich an einem Seminar teil, in dem der Dozent meine/unsere Beiträge weder lobend noch kritisierend kommentierte, sie als solche stehen ließ oder höchstens sachlich einordnete. Das verunsicherte mich und ich fragte ihn: »Wie finden Sie denn meine Beiträge? Sie sagen fast nie etwas dazu.« Seine Antwort: »Ich habe Sie nicht zu bewerten. Ich sage Ihnen höchstens meine Ansicht.«

Verwunderung meinerseits durch seine Nichtbewertung. Mein Erkenntnisgewinn, schon damals: Ich war bisher von Lob als Bewertungen anderer Menschen abhängig. In dem Moment, in dem es nicht mehr erfolgte, musste ich selbst sehen, wie ich mit meinen eigenen Verhaltensweisen und Produkten zurechtkam und wie ich mein Tun bewertete.

Ein bekannter Schauspieler wurde gefragt, wie er mit dem neuen Regisseur zurechtkäme, und antwortete: »Am Anfang war es sehr schwer; er lobte nicht, kritisierte nicht, sagte höchstens seine Sichtweisen ... Ich war total verunsichert. Aber nach einiger Zeit bemerkte ich, wie ich immer mehr zu meiner eigenen Darstellung fand, und löste mich als Marionette des Regisseurs. Bisher hatte ich immer nur so gespielt, wie er und andere es wollten und damit ich gelobt wurde. Ich war abhängig von ihnen geworden ...«

> Lob: kein Mittel um zu erziehen. Aber: Selbstmitteilungen als Feedback mit Wirkung auf andere.

Ende eines Schulvormittags, den ich als ausgesprochen produktiv empfand. Die Kinder, 3. Klasse, gehen an mir vorbei zur Tür – und ich hatte den Satz schon auf den Lippen: »Ihr wart aber heute toll!« – sagte aber: »Ich bin sooo gerne bei euch Lehrer!« – Da strahlten sie und gingen nach Hause ...

Mit welchen Gedanken und Empfindungen?

4 Diskutieren Sie in der Gruppe folgende Statements:
- Lob als Erziehungsmittel
- Lob macht abhängig

5 Probieren Sie aus: Anstatt andere zu loben, teilen Sie etwas von sich mit:

Statt:	*besser:*
»Das hast du aber schön geschrieben.«	»Ich kann deine Schrift sehr gut lesen.«
»Sie sind eine versierte Mitarbeiterin.«	»Ich arbeite gerne mit Ihnen zusammen.«
»Du bist aber eine prima Köchin.«	»Was du gekocht hast, hat mir soooo geschmeckt.«
»Mensch, du bist ein super Entertainer.«	....
	....
»Du kannst so gut Geschichten erzählen.«	....
	....

Ich unterscheide:

a) Lob als Erziehungsinstrument, von denen die Gelobten *abhängig* werden: Jemand tut dies und das, damit er gelobt wird – und nicht um seiner selbst willen oder weil es ihm wichtig ist.

Ein Junge, auf dem Weg zum Schwimmtraining, sagt zu seiner Mutter: »Mama, krieg' ich ein Eis, wenn ich heute meine Schwimmzeit verbessere?« Darauf die Mutter. »Nö, willst du schneller schwimmen wegen mir oder wegen dir?« – Als der Junge nach Hause kommt, sagt er freudestrahlend. »Du, Mama, ich bin heute 2,1 Sekunden schneller geschwommen als das letzte Mal.« Da strahlt auch die Mutter und antwortet: »Jetzt spendier' ich dir ein Eis, weil ich mich riesig darüber freue.«

Eis spendieren nicht als Belohnung (= Erziehung), sondern als Ausdruck ihrer Freude (= Beziehung)

b) Wertschätzende Selbstmitteilungen, weil sie *mir* in der *Beziehung* zum Gegenüber wichtig sind: Freude, Ärger, Zufriedenheit, Glück, Wohlbefinden – mit *Wirkung* auf andere.

Wenn ich *mich* mitteile, gebe ich Rückmeldung – und der/die andere entscheidet, was er/sie damit, autonom, macht. Der Lobende ist nie auf Augenhöhe mit dem Gelobten, im Gegensatz zum Wertschätzenden.

Anerkennung ist für den Menschen als soziales Wesen lebensnotwendig. Sie geschieht jedoch nicht durch Loben (im Sinne von: »Du kriegst ein Smiley, weil du so schön mitgemacht hast.«), sondern als Rückmeldung von Person zu Person. Zudem: Belohnungen bringen langfristig keine Änderungen, sondern diese geschehen nur durch eigene SELBST-Erfahrungen.

> **Erziehung durch die Hintertür:** Wenn ich dich lobe, dann veränderst du dich, so wie ich es will.

Natürlich kann es sein, dass Sie viele Loberfahrungen hinter sich haben. Wenn sie nun wegfallen, haben Sie vielleicht »Entzugserscheinungen«. Besser die, als in »Lob-Abhängigkeit« zu bleiben.

> **Nicht geschimpft, ist genug gelobt.** (Schwäbisches Sprichwort)

Dies wäre mir allerdings – in zwischenmenschlichen Beziehungen – zu wenig. Dafür aber Rückmeldung des anderen: seine Sicht, sein Eindruck …

⋯⋗ Training ⋯⋯⋯⋯⋯⋯⋯⋯⋯⋯⋯⋯⋯⋯⋯⋯⋯⋯⋯⋯⋯⋯⋯⋯⋯⋯⋯

6 Wie ich mich fühle, wenn ich folgende Sätze höre: Ich bin Ihr Kollege und sage zu Ihnen (als Erwachsener zu einem Erwachsenen):
- »Das haben Sie aber gut gemacht. Weiter so!«
- »Dein Referat neulich. Toll. Da muss ich dich loben.«
- »Noch solche Leistung in deinem Alter?!« (Und klopfe Ihnen dabei auf die Schulter.)

⋯⋯⋯⋯⋯⋯⋯⋯⋯⋯⋯⋯⋯⋯⋯⋯⋯⋯⋯⋯⋯⋯⋯⋯⋯⋯ Training ⋗⋯

> **Darf ich jetzt andere nicht mehr loben?** Doch: Aber in Form von Selbstmitteilungen!

47 ... und auch ohne Strafen

> Ziel: statt Strafen: Umlernhilfen geben

Wie Erwachsene sich bestrafen:

Herr F. lässt seine Kleider häufig auf dem Boden liegen.	*Seine Frau wirft sie manchmal in den Garten.*
Herr T.: Blätter seiner Bäume fallen auf das Nachbargrundstück.	*Nachbar W. stopft sie regelmäßig in den Briefkasten von Herrn T.*
Frau N. redet im Freundeskreis abfällig über ihren Mann.	*Seit Wochen redet er nicht mehr mit ihr.*
Herr E. besucht sehr selten seine Mutter im Seniorenheim.	*Seine Mutter will ihn deshalb enterben. Gespräche finden nicht statt.*

····❖ **Training** ···

1 Welche Erfahrungen haben Sie mit Strafen und Bestraftwerden gemacht?
Als Kind, als Schüler/Schülerin: ....
....
Als Erwachsener, als Lehrer/Lehrerin: ....
....

·· **Training** ❖····

Bestrafungen in der Schule:
a) *Ein Schüler rennt durch den Gang, rempelt dabei heftig einen Lehrer an und schreit zu ihm zurück: »Verpiss dich, du Wichser«. Empörung im Kollegium. Strafe: Vier Seiten aus einem Buch abschreiben.*
b) *Ein Junge und ein Mädchen küssen sich auf dem Schulhof. Strafe durch den Klassenlehrer: Eintrag ins Klassenbuch und eine Stunde Nachsitzen mit Matheaufgaben.*
c) *Ein Mädchen kämmt sich während des Unterrichts ihre Haare und macht trotz Ermahnung weiter. Die Strafe der Lehrerin: Das Mädchen muss ein Protokoll der nächsten beiden Stunden schreiben.*

Was lernen die Jugendlichen für ihre Verhaltensänderung? Was lernen sie, wenn sie *nachsitzen* und *schreiben (müssen)*?

····ᐅ **Training** ···

2 Was wohl die Motive des Kollegiums, des Lehrers und der Lehrerin waren, die Jugendlichen auf diese Weise zu bestrafen?
Meine Vermutungen, meine Erfahrungen: ....
....
....

3 In den drei Bestrafungsfällen hätte ich folgendermaßen reagiert:
a) ....
b) ....
c) ....

4 Reflektieren Sie ggf. eigene Motive, falls Sie strafen bzw. gestraft haben:

- ☐ Gewohnheit
- ☐ Kränkung
- ☐ Warnschuss
- ☐ Verhaltensänderung
- ☐ Normpriorität

- ☐ Hilflosigkeit
- ☐ Rache
- ☐ Abschreckung
- ☐ Macht
- ☐ Ärger, Frust

Oder: ....

···**Training** ◈····

Ich habe mich schon lange vom Strafen und Bestrafen verabschiedet, verwende den Begriff »konsequentes/folgerichtiges Handeln« und bin in diesem Zusammenhang »Umlernhelfer« – und das heißt:

- Fehlverhalten, Grenzen und Folgehandlungen (auf-)zeigen
- Tätigkeiten zum Umlernen anbieten, einfordern (»stimmige« Wiedergutmachung)
- Notwendige Zwangsmaßnahmen zum Schutz anderer durchführen
- Autonom handeln und Beispiel geben: Wenn ich mich verändere, verändern sich auch andere.

Die Wörter Strafen und Bestrafen sind mental anders besetzt als das Wort Umlernhilfe. Wenn jemand sagt: »Ich werde dich bestrafen«, dann läuft in ihm ein negativer

Film ab im Gegensatz zur Äußerung: »Ich werde dir helfen, dich zu ändern.« Dadurch erfährt das Du die notwendige Anerkennung in der Gemeinschaft anstelle von negativen Bewertungen und ggf. Ausschluss aus ihr.

> **Auch wenn Strafen Verhaltensänderungen bewirken, so sind sie keine pädagogischen Mittel. Fehlentwicklungen und Fehlverhalten kann man nicht durch Strafen, sondern nur durch »Entwicklungs- und Umlernhilfen« ändern.**

Was geht in Ihnen vor, wenn Sie jemanden bestrafen? Was, wenn Sie jemandem helfen, Fehlverhalten zu ändern?

> **Wer mental vom »Ich bestrafe dich« besetzt ist, der wird anders pädagogisch handeln als der, der dem anderen hilft umzulernen.**

Personen, die strafen, handeln meist …	*Personen, die Umlernhilfen geben, handeln meist …*
• unkontrolliert (weil affekthaft)	• kontrolliert (weil überlegt)
• rachsüchtig (weil verletzt)	• betroffen (weil gefühlsmäßig)
• aggressiv (weil hilflos)	• angemessen (weil professionell)
• fehlerhaft (weil unter Stress)	• sinnvoll (weil ohne Stress)
• kontraproduktiv (weil panisch)	• konstruktiv (weil distanziert)
• inkonsequent (während der Eskalation)	• konsequent (nach der Eskalation)

Folgen für die Schüler/Schülerinnen	
• Störung der emotionalen Beziehung	Kein Beziehungsabbruch; Zuwendung ohne Strafe
• Beschädigung des Selbstwertgefühls	Erfahrung: Trennung von Verhalten und Person
• Fehlende Handlungsalternative	Angebote von Handlungsalternativen
• Angst, Aggressionen	Erkenntnis/Einsicht
• Keine (Um-)Lernhilfen	(Um-)Lernhilfen

····ᐅ **Training** ···

5 Überprüfen Sie Ihr Handeln …

als strafende Person	als Umlernhelfer/in
....	....
....	....
....	....

Strafende wollen unerwünschtes Verhalten ändern; häufig verwenden Sie nicht folgerichtige und damit unwirksame Maßnahmen (weil meist aus dem Affekt erteilt), wie die Beispiele zeigen:

Unerwünschtes Verhalten (Strafen)	Nicht folgerichtige Handlungen
a) Peter kommt zu spät nach Hause.	drei Tage keine Fernsehen
b) Tine übernachtet bei ihrem Freund.	eine Woche Ausgangsverbot ohne die Eltern zu informieren
c) Schüler kommt mehrmals zu spät in den Unterricht,	eine Seite aus einem Buch abschreiben
d) Schüler macht keine Hausaufgaben.	Klassenbucheintrag

6 Überprüfen Sie Ihre Handlungsmotive und reagieren Sie auf das oben erwähnte Fehlverhalten der Schüler/Schülerinnen mit *folgerichtigen* Handlungen:

a) ....

....

b) ....

....

c) ....

....

d) ....

....

7 Selbstreflexion:
- Stellen Sie sich vor, jemand sagt zu Ihnen: »Ich muss Sie jetzt bestrafen ...«
  Meine Empfindung: ....
- Stellen Sie sich vor, der Schulleiter bestraft Sie, weil Sie häufig zu spät in den Unterricht kommen, indem er – vor dem gesamten Kollegium – von Ihnen verlangt, das nächste Protokoll zu schreiben.
  Meine Empfindung: ....
  Meine Gedanken: ....
  Am liebsten würde ich: ....

.... **Training** ⸭⸱⸱

48 Vertrauen und Führen

Ziel: Vertrauen geben und führen können

Die kleine Ursula schaukelt quietschvergnügt und heftig auf der Schaukel im Garten. Ich frage sie, ob sie denn gar keine Angst habe, dass sie kaputtgeht. »Nein«, sagt sie entschieden, »die hat mein Papa gemacht« (und meinte montiert).

Mein Vater wiederum hatte Vertrauen zu mir und meinte damit, dass ich in seinem Sinn handeln würde (vor allem wenn es um seine moralischen Werte ging).

Kinder und Jugendliche vertrauen Pfarrern, weil diese immer vom lieben Gott sprechen und weil sie auch zu ihnen lieb sind – bis manche erfahren müssen, dass deren »Liebe« auch Abgründe hat.

Paare vertrauen einander, weil sie sich lieben, und sie können sich nicht vorstellen, dass ihnen ihre Liebe und damit auch ihr Vertrauen abhandenkommen könnten. *Andere wiederum vertrauen einander, weil ihr Vertrauen noch nie missbraucht worden ist.*

····: **Training** ··

1 Ein Blick in Ihre eigene Lebensgeschichte mit der Überschrift »Vertrauen in Vergangenheit und Gegenwart«.
Meine Erfahrungen: ....
....
....

2 Aus Ihrer beruflicher Sicht:
- Ich kann meinen Kollegen/Kolleginnen, meinen Schülern/Schülerinnen vertrauen, weil ....
....

- Inzwischen leider nicht immer, weil ich schon manche schlechte Erfahrungen habe machen müssen, z.B. ....
....
....

·· **Training** ·:····

Ann-Kathrin sagt nach dem Unterricht zur Lehrerin, sie würde die nächsten Tage nicht in die Schule kommen, ihre Oma sei gestorben. Voller Mitgefühl nimmt sie das Mädchen in den Arm und verabschiedet sie mit tröstenden Worten. Wie es der Zufall will: Noch am selben Abend sieht die Lehrerin Ann-Kathrin vor einem Kino, ausgelassen und mit anderen fröhlich in der Runde. Völlig konsterniert geht die Lehrerin unbemerkt an den Jugendlichen vorbei, unfähig, Ann-Kathrin zu befragen – erfährt am anderen Tag von einer Mitschülerin, dass der Tod der Oma eine glatte Lüge ist. Als ob man ihr ein Messer in die Brust gerammt hätte, so fühlt sich die Lehrerin. Wie kann man so mit Gefühlen eines Menschen umgehen, fragt sie sich – und im Stillen auch Ann-Kathrin …

Wie soll man ohne Vertrauen unterrichten? Wie kann wieder Vertrauen entstehen, wenn es auf solche Weise missbraucht worden ist? Vor allem: Wie würde sie sich verhalten und was würde sie sagen, wenn einige Zeit später wieder eine Schülerin/ein Schüler zu ihr käme mit der gleichen Information? Diesmal würden Mitleid und Trost ihr nicht so leicht fallen.

> **Wir haben (fast) alle »Vertrauensdellen« in unserer Lebensgeschichte bekommen. Sie haben uns geprägt und sind nicht so ohne Weiteres zu glätten.**

»Was, Sie vertrauen Schülern?«, meinte ein Schulleiter einem Kollegen gegenüber. »Die lügen ja, was das Zeug hält!«

Wie wohl seine »Vertrauens-Erfahrungen« sein mögen?

⋯⋮ Training ⋯⋯⋯⋯⋯⋯⋯⋯⋯⋯⋯⋯⋯⋯⋯⋯⋯⋯⋯⋯⋯⋯⋯⋯⋯⋯⋯⋯

3 Wie schon vielen vor Ihnen, schildere ich Ihnen folgende Situation, mit der Bitte um Antwort, die Sie dem Schüler geben:

Es ist ca. drei Wochen vor Schulende, somit auch »Zeugnisnähe« … Nach einer Unterrichtsstunde läuft Ihnen auf dem Gang ein Junge (mit eher durchschnittlichen Leistungen) hinterher und sagt, fast atemlos: »Herr X, ich komme so gut bei Ihnen im Unterricht mit.« Er strahlt Sie an – und verschwindet wieder im Klassenzimmer.

Mein erster Gedanke: ....
Ich antworte ihm: ....
....

Ich habe gesammelt: Der erste Gedanke von vielen: »Der will sich wohl einschleimen und eine gute Note ergattern.« Die häufigste Antwort: »Das freut mich«. Und jetzt streng dich weiterhin an.« Eine authentische Antwort könnte so lauten: »Das freut mich, dass du mir das sagst. Jetzt weiß ich aber nicht, warum du mir das sagst. Denn ich hab dich im Unterricht nicht immer so erlebt.«

Mein Satz würde lauten: ....

....

....

.... **Training** ◦⋯

Vertrauen ist ein sehr starkes Band in den zwischenmenschlichen Beziehungen und gleichzeitig ein sehr empfindsames Gut, mit dem sehr behutsam umgegangen werden muss. Die Achtsamkeit besteht darin zu spüren, ob man selbst vertrauenswürdig ist und handelt und ob und wann man anderen Vertrauen schenken kann.

Ohne Vertrauen sind in unserer Gesellschaft viele Begegnungen im Alltag auf unsicheren Boden gestellt. Die Möglichkeit besteht immer, dass wir ausgetrickst, über den Tisch gezogen und betrogen werden könnten.

Ohne Vertrauenswürdigkeit und Seriosität gerät jede Beziehung, jede Gemeinschaft, jede Gesellschaft in Schieflage, ja sogar in Gefahr, auseinander zu fallen. Wir brauchen gegenseitiges Vertrauen, weil es uns ein Gefühl der Sicherheit gibt (wie bei der kleinen Ursula auf der Schaukel!) für uns selbst und für unser Zusammenleben.

Diese Sicherheit erfahren wir auch, wenn wir uns auf das Geführtwerden einlassen. Sie ist das Bindeglied zwischen Vertrauen und Führen. Denn:

> **Führung braucht das JA der Geführten. Falls es fehlt, wird aus der Führung Leitung.**

(Streng genommen gibt es deshalb keine Klassen*führung*, weil man nicht davon ausgehen kann, dass alle in der Klasse ihr JA geben (ausgesprochen oder unausgesprochen), sondern Klassen*leitung*.)

4 Diskutieren Sie diese beiden Sätze in der Gruppe: Pro – Kontra, Konsequenzen ...

....

....

....

5 Was empfinden Sie, wenn Sie ...
- führen: ....

....

- geführt werden: ....

....

6 Vielleicht schon bekannt, aber immer wieder beeindruckend als Übung (hier mit Schülerinnen und Schülern): Je zwei finden sich als Paar: A führt B, der die Augen geschlossen
hat und sich A auf einem Weg durch das Schulhaus, den Schulhof anvertraut ... Nach
vereinbarten x Minuten Wechsel ... Anschließend zunächst Erfahrungsaustausch zu
zweit, dann mit allen in der Gesprächsrunde ...

Gedanken zur Führung in Klassenzimmern und Schulen

- Führende haben keine Ziele für andere, nur für sich selbst; aber ggf. Anliegen,
  Wünsche an die Geführten, notfalls auch Anweisungen.
- Führende können andere nicht motivieren; sie schaffen jedoch Bedingungen, dass
  die Geführten sich selbst motivieren können.
- Hinter möglichen »Widerständen« der Geführten liegen meist spezifische Botschaften. Es gilt, diese zu »entschlüsseln«, und zwar auf der sachlichen wie auf der
  emotionalen Ebene.
- Persönlichkeitsmerkmale von Führenden sind u. a. Authentizität, emotionale Sta-
  bilität, Offenheit für Erfahrungen, Extraversion, Gewissenhaftigkeit, Verträglich-
  keit, Abgrenzungsfähigkeit.

> **Ich vertraue mich dir an, weil ich dadurch Sicherheit bekomme.**

49 Abschied von der Erziehung

> Ziel: Erziehungsverhalten in Beziehungsverhalten umwandeln

Beziehungsmenschen erziehen nicht. Wie man sich – ohne Verlust – von der Erziehung verabschieden kann, zeige ich auf den folgenden vier Seiten.

> **Erziehende: Sie sagen, was andere tun sollen. Erzogene: Sie tun, was andere sagen.**

Beobachtungen an einem Badesee: Ein kleiner Junge spielt am Ufer im Sand und trällert eine Melodie. Unvermittelt sagt sein Opa, der in der Nähe ist: »Hör' zum Singen auf; leg die Schaufel weg; komm her und geh' mit mir ins Wasser. Vertrau mir!«

Der Opa sagt in wenigen Sekunden, was sein Enkel tun soll – Erziehung pur! *Zieh- und Schiebe*vorgänge durch Appelle – und erweitert durch eine Fülle von Einwirkungsstrategien, Geboten, Verboten, Direktiven und Manipulationen – sind schädlich und verhindern Entwicklung, Wachstum und Kreativität von Menschen. Denn diese Art von Erziehung basiert auf zwei Grundeinstellungen:

Erstens: Erziehende sind der Ansicht, andere Menschen nach ihren eigenen Vorstellungen und Zielen verändern und durch Erziehungsmaßnahmen aus unreifen Menschen reife Persönlichkeiten bilden zu können.

Zweitens: Erziehende verhalten sich Menschen gegenüber, als seien diese Maschinen, die – auf Grund der Veränderungsabsichten und Einwirkungen – so reagieren, wie sie es haben möchten. (Erwachsene sagen z. B. Kindern etwa 200 bis 400 Mal am Tag, was sie zu tun und zu lassen haben):

»Hör auf zu quengeln!« – »Sei pünktlich!« – »Reiß dich zusammen!« – »Räum dein Zimmer auf!« – »Mach' die Hausaufgaben!« – »Sei pünktlich!«! – »Sei nicht so faul!« – »Komm nicht zu spät nach Hause!« – »Streng dich an!« – »Lass mich endlich in Ruhe!« – »Stell' die blöde Musik ab!«

Wer so viele Appelle bekommt, lernt gehorsam zu sein und selbst wieder zu appellieren.

Aber auch Erwachsene werden (von Erwachsenen) erzogen:

Während eines Gesprächs mit einem Mann beginnt eine Frau zu weinen, worauf dieser sagt: »Jetzt hör doch mit deinem blöden Geheule auf!« (= Ich verbiete dir Gefühlsäußerungen und erziehe dich zu mehr Selbstbeherrschung.)

····∘ Training ···

1 Zur Erinnerung: Wie viele Appelle haben Sie in Ihrer Kindheit pro Tag etwa bekommen (von den Eltern, den Lehrern/Lehrerinnen ...).
Kommentar: ....
....
....

2 Selbsterkundung: Als Lehrer/Lehrerin, so vermute ich, gebe ich pro Unterrichtsstunde etwa .... »Beziehungsappelle« (in Abgrenzung von funktionalen Handlungsanweisungen). Umfragen bei Lehrerinnen/Lehrern aller Schularten: im Durchschnitt zwischen 20 und 30 pro Stunde, je nach Fach und Thema – ergeben in einem 35-jährigen Lehrerleben etwa eine Million Appelle – die privaten nicht dazu gezählt.

3 Versetzen Sie sich in Ihre eigene Kindheit und Jugend, denken Sie an Personen, von denen Sie erzogen worden sind, und spannen Sie den Bogen bis in die Jetztzeit:
- Was haben Sie von Ihren Erziehern *genauso* übernommen? (= in *deren* Spuren weitergegangen)
- Was haben Sie davon eigenständig *weiterentwickelt?* (= *eigene* Spuren gezogen)
- Was haben Sie *ganz anders* gemacht? (= in *entgegengesetzte* Richtungen die Spur gezogen)
- Wie viel ist von der *Erziehung* geblieben – und wie viele eigene Wege sind Sie gegangen?
- Mein Ergebnis: ....
....
....

··· Training ∘····

Ein Ende also mit jeglichen Ziehvorgängen, mit dem Schubsen und Zerren, den Veränderungsabsichten und Fremdbestimmungen, dem Schnitzen und Glätten, dem Formen und Umformen von Menschen.

Die Achtung vor ihrer Einzigartigkeit verbietet solche Einwirkungs- und Verformungstätigkeiten. Es gibt aber auch viele *gute* Beispiele herkömmlicher Erziehung, in denen die »Erziehenden« mit der *Grundhaltung der Liebe* hohe Verantwortlichkeit jenen gegenüber zeigen, die sie erziehen und denen sie Fürsorge (hinter der auch Sorge steht), Zuneigung, Unterstützung und Schutz geben. Diese Art der »ERziehung« nenne ich »förderliche BEziehung«, die ein günstiger Nährboden für authentisches Fühlen, Denken und Handeln ist.

Dem deutschen Wort Erziehung liegt das lateinische Wort educare (= herausführen) zugrunde, ein Begriff, der weitaus besser ausdrückt, dass es sich um ein Herausführen aus der Abhängigkeit hin zur Selbstständigkeit handelt: Führen ist jedoch nur möglich, wenn der Geführte es zulässt – im Gegensatz zum Befehlen, das Fremdbestimmung bedeutet. Fremdbestimmung und Zwang sind dann notwendig und ethisch verantwortbar, wenn Menschen anderen gegenüber physische und/oder psychische Gewalt anwenden.

Es ist Abschied zu nehmen von der Vorstellung, wir könnten andere Menschen nach *unseren* Vorstellungen »bilden«. Der Mensch ist keine »triviale Maschine«. Aber wir können *Bedingungen* schaffen, dass andere sich entwickeln, gemäß ihrer Persönlichkeitsstruktur *und* ihrer Durchlässigkeit für Außenwirkungen. So betrachtet ist Erziehung Wahrnehmen und Beobachten, Einfühlen und Erspüren, Entwicklungsförderung und Lebenshilfe, Zulassen der Möglichkeiten und Grenzziehung, falls erforderlich.

····⊹ Training ···

4

Diskutieren Sie in der Gruppe die Diskrepanz zwischen Erziehung als Fremdbestimmung und als »Entwicklungshilfe zur Selbstständigkeit«.
Unsere Schlussfolgerungen: ....

....

....

··· Training ⊹····

> Der Erziehungsabschied fällt schwer, weil wir als Erzogene selbst wiederum »nur« Erziehen gelernt haben.

Das *Selbstbewusstsein* von Menschen kann sich nur entwickeln, wenn sie statt Fremdbestimmung *Selbsterfahrungen* machen können:

Wie eigenes Erleben verhindert wird:

- »Sei nicht so *eigen*sinnig!« (Wegnahme des eigenen Sinnes)
- »Jungen weinen nicht.« (Verhinderung von Gefühlen)
- »Da täuschst du dich aber gewaltig.« (Wegnahme eigener Sichtweisen)
- »Glaub mir; ich weiß es besser.« (Wegnahme eigener Erfahrungen)

… und wie es gefördert werden kann:

- »Ich helfe dir, wenn du magst.« (eigene Wege gehen lassen)
- »Ich trau dir das zu.« (Vertrauen geben)
- »Ich freue mich, weil du …« (Stärkung des Selbst)
- »Ich bin gespannt, was du mir berichten wirst.« (*Selbst*erfahrungen machen lassen)

····⋮ **Training** ···

5 Erörtern Sie mit Ihren Kolleginnen/Kollegen meine/Ihre Gedanken.
- Informieren Sie sich gegenseitig über Ihre Sichtweisen zu Beziehung und Erziehung.
- Formulieren Sie – auf Grund des *Erziehungsauftrages* (!) der Schule – konkrete Einstellungen und Verhaltensweisen auf Lehrer- und auf Schülerseite.
- Einigen Sie sich auf wichtige Postulate, einschließlich bestimmter Handlungskonsequenzen.
- Machen Sie Angaben über Verhaltensüberprüfung und ggf. Umlernhilfen.
- Führen Sie Gespräche mit Eltern über das Thema »Erziehung – Beziehung«.
  Meine/unsere Ergebnisse: ....
  ....
  ....

·· **Training** ⋮····

Hinweis: Die Ihnen soeben gestellten Aufgaben sind als Anweisungen formuliert in meiner (von Ihnen akzeptieren) *Funktion* als Trainer. Es sind also Kontext und Funktion zu beachten, in denen Anweisungen gegeben werden, um feststellen zu können, ob es Erziehungsappelle oder Handlungsanweisungen sind.

50 Förderliche Beziehungen

Ziel: sie kennen, sie lernen, sie leben

Wie nun förderliche Beziehungen (ohne Erziehung) aussehen können (hier mit dem Schwerpunkt Kinder – Erwachsene), vermittle ich Ihnen auf den folgenden Seiten. (Ausführlich in: Miller, R.: Frei von Erziehung, reich an Beziehung. Centaurus-Verlag 2013)

Ich habe zahlreiche Publikationen über Erziehung näher unter die Lupe genommen und entdeckte dabei eine Reihe von Gemeinsamkeiten, Ähnlichkeiten und Verbindungen von Erziehung – Beziehung, und kam so zu *wesentlichen Merkmalen der Beziehung,* nämlich

Selbstständigkeit	für sich selbst sorgen
Empathie	einfühlsam für sich und andere sein
Pflege/Fürsorge	physisch und psychisch sich selbst und andere pflegen und versorgen
Schutz	körperlich und seelisch unversehrt bleiben und anderen beistehen
Unterstützung	mehr Sicherheit haben und Erleichterung bewirken
Förderung	die eigenen Potenziale entwickeln und die der anderen ermöglichen
Führung	Vertrauen geben und sich anvertrauen
Orientierungshilfe	sich in der Welt zurechtfinden können und anderen dabei helfen
Ermöglichung von Rechten	bekommen, was einem zusteht
Erfüllung von Pflichten	Verantwortung übernehmen
Begrenzung	Die eigenen Freiräume schützen und die der anderen (be-)achten

Diese Variablen betreffen nicht nur Erwachsene in Beziehung zu ihren Kindern oder Lehrern/Lehrerinnen zu ihren Schülern/Schülerinnen, sondern alle Menschen in allen Altersstufen und Lebensbereichen:

»Warum hast du bei der Kälte keinen Hut an?«, fragte vorwurfsvoll die 92-jährige Mutter ihren 64-jährigen Sohn, als er sie im Seniorenheim besuchte.

1 Überdenken Sie meine Integration (= Erziehung in die Beziehung), besprechen Sie sie in der Gruppe und ziehen Sie Konsequenzen:

Die Meinungen in der Gruppe: ....

....

Unsere Schlussfolgerungen: ....

....

Ich schaffe also Erziehung nicht ab, sondern ich integriere deren »gute Seiten« in die Beziehung – im Gegensatz zur Erziehung im strengen Sinn – mit der Haltung und Einstellung, für sich zu sorgen und andere nicht zu verändern, sondern sie in ihren Entwicklungen zu fördern, d. h., in einer Balance zu sein zwischen ICH- und DU-Bedürfnissen.

Ich brauche also grundsätzlich keine ERziehung mehr (was nicht heißt, dass ich keine Anweisungen oder Appelle gebe: Vor der »roten Ampel« gibt es keinen Dialog, in Gefahrensituationen sind Verhinderung und Schutz die Maximen), sondern agiere in BEziehungen.

Damit wir Menschen uns entwickeln, wachsen und reifen können, braucht es bestimmte *Bedingungen*, die in zwischenmenschlichen Beziehungen (statt in Erziehungseinengungen) verankert sind und die sowohl das ICH als auch das DU betreffen:

- Freiräume für die Entwicklung statt Gängelung
- Anregungen von außen statt Einschränkungen und Verbote
- Entfaltungsweite statt Gefängnisenge
- Interesse, Fürsorge und Begleitung statt Verhinderung
- Vertrauen statt Misstrauen, Achtsamkeit statt Unachtsamkeit
- Begrenzung statt Grenzenlosigkeit
- Zuwendung und Schutz statt Gleichgültigkeit
- Und: ....
- Und: ....

> Erzogene haben Gehorsam und Erziehen gelernt. Wer Erziehung gelernt hat, erzieht wiederum andere. In förderlichen Beziehungen lernen Menschen Selbstständigkeit und Empathie.

2 Reflektieren Sie diese Bedingungen und überprüfen Sie Ihre bisherigen Verhaltensweisen: Welche sind Ihrer Einschätzung nach (noch) erzieherisch, welche bereits bezieherisch?

Ergebnis: ....

....

....

3 Welche Aussagen kommen für Sie in Frage?

Manchmal muss ich mich durchsetzen (= Ich als Gewinner).

Manchmal gebe ich nach (= Ich als der Verlierer).

Manchmal handle ich Kompromisse aus (= Ich und das Gegenüber als Gewinner).

Bemerkungen: ....

....

....

4 Wo standen bzw. stehen Sie derzeit auf folgendem Weg:

Von der Erziehung zur Beziehung:

zwingen ····⫶ formen ····⫶ bestimmen ····⫶ beeinflussen ····⫶

führen ····⫶ begleiten ····⫶ loslassen ····⫶ lassen

5 Feststellungen durch Beispiele:

- Ich, fremdbestimmt in meiner Kindheit/Jugend, z. B.: ....

....

- Ich, fremdbestimmend als Lehrerin/Lehrer, z. B.: ....

....

- oder: Ich »bezieherisch« als »Entwicklungshelfer/in«, z. B.: ....

....

- Schlussfolgerungen: ....

....

....

Beispiele: Beziehung statt Erziehung

Frau N., alleinerziehend, hat früher ihre beiden Kinder mit Vorwürfen und Appellen überschüttet, wenn sie müde von der Arbeit nach Hause kam und ärgerlich gefragt hat, warum sie sich nicht um das Abendbrot gekümmert haben. Deren Reaktion war entsprechend: »Keinen Bock!« Das hat sich geändert, seit sie mit dem Appellieren und mit Vorwürfen aufgehört hat. Die Kinder haben dennoch mitgekriegt, wie müde sie beim Heimkommen ist. Eines Abends haben die beiden bereits den Tisch gedeckt und für sie drei etwas gekocht: »Wir haben uns überlegt, was wir machen können, weil du am Abend immer so kaputt bist«, lautet ihr Begrüßungssatz. Die Mutter ist ganz gerührt und nimmt sie in die Arme ... »Und deshalb werden wir jetzt zweimal in der Woche für das Abendessen zuständig sein«, sagen sie (voller Freude und Stolz).

Meine Frau und ich mussten unsere Tochter (damals 12) häufig ermahnen, den Hausschlüssel beim Verlassen des Hauses mitzunehmen, um Einlass zu haben, wenn wir nicht Zuhause waren. (Wir wohnten in einer verlassenen Gegend, ohne Straßenlicht.) Unsere Appelle zeigten keine Wirkung. Eines Tages, es war schon dunkel, klingelt sie. Ich sehe sie vom 1. Stock aus, öffne aber nicht, mit dem Ziel, ihr die Erfahrung zu vermitteln, wie wichtig die Mitnahme des Schlüssels ist. Erst nach zehn Minuten öffne ich. Sie sieht mich, zischt »Bist du fies« und verschwindet in ihrem Zimmer ... Kurz vor dem Einschlafen setze ich mich an ihr Bett, schaue sie an: »Ich weiß schon«, sagt sie, »was du mir sagen willst.« – Wir drücken uns fest.

Seit dieser Zeit war sie »schlüsselautonom«.

Aus meiner Sicht ist dies eine »Beziehungsgeschichte«, weil meine Haltung Sorge und Liebe waren, auch wenn die Handlung »fies« erschien:

> **Es kommt in zwischenmenschlichen Beziehungen in erster Linie nicht auf die Handlung, sondern auf die Haltung an.**

Statt einer Aufgabe:

Ihnen meine besten Wünsche für förderliche zwischenmenschliche Beziehungen ...

Literatur

Empfehlungen

Falls Sie noch weiteren Lesehunger und zusätzlichen Informationsbedarf haben, dann empfehle ich Ihnen folgende Bücher, die Grundlagen für dieses Trainingsbuch sind:

Miller, R. (2011): Als Lehrer souverän sein. Weinheim: Beltz.
Miller, R. (2011): Beziehungsdidaktik. Weinheim: Beltz, 5. Aufl.
Miller, R. (2013): Frei von Erziehung, reich an Beziehung. Freiburg: Centaurus.
Miller, R. (2013): »Du dumme Sau!«. Ein Schülerarbeitsheft. Karlsruhe: Schulwerkstatt-Verlag.
Miller, R.: Verstehen und verstanden werden. (DVD s. www.miller-kommunikation-dvd.de)

Quellen

Bodenheimer, A. R. (1995): Warum? – Von der Obszönität des Fragens. Stuttgart: Reclam.
Satir, V. (2001): Mein Weg zu dir – Kontakt finden und Vertrauen gewinnen. München: Kösel, 5. durchges. Aufl., S. 149.
Schulz von Thun, F. (2008): Miteinander reden 1–3. Reinbek: Rowohlt.